VIRADA OLÍMPICA

REBECA GUSMÃO

VIRADA OLÍMPICA

A carreira, a queda e a superação

astral cultural

As fotos com a família e demais pessoas contidas neste livro são do acervo pessoal de Rebeca Gusmão e aparecem aqui apenas como caráter informativo.

PROJETO GRÁFICO E DIAGRAMAÇÃO DO MIOLO: Aline Santos

FOTO DA AUTORA: Arquivo pessoal
FOTO DA CAPA: Renata Ferraz

Gusmão, Rebeca
Virada Olímpica / Rebeca Gusmão. – 1. ed. - Bauru, SP : Astral Cultural, 2016. 144 p. : il. ; 23 cm

ISBN 978-85-8246-364-2
1. Autobiografia. I. Título.

Índice para catálogo sistemático:
1. Biografia 920

Impressão: PROL Gráfica
Miolo em papel Offset Lux Cream 90g
Capa em papel Cartão Ningbo 300g

astral cultural
EDITORA ALTO ASTRAL
Rua Gustavo Maciel, 19-26, Bauru, SP, CEP 17012-110
Telefone: (14) 3235-3878 / Fax: (14) 3235-3879
contato@astralcultural.com.br

SPEEDO

Agradecimentos

A Deus por ter me dado a oportunidade de me tornar atleta e por estar sempre comigo, principalmente nos momentos mais difíceis.

Aos meus pais e às minhas irmãs, que são os maiores tesouros da minha vida, meu porto, onde sei que sempre vou poder atracar e descansar.

Aos meus amigos, anjos, novos e antigos, que estão sempre presentes: Ciza, Belzinha, Ju, Paulinha, Balia, Leila, Carlinhos, Cipra, Regina, Tiago... A todos que estiveram presentes quando renasci.

Ao meu treinador Hugo, que, com seu temperamento e filosofia, me ensinou a ser forte e a enfrentar as situações que a vida me impôs.

A todos os meus fãs, que choram e vibram comigo a cada passo.

Ao meu príncipe Zion, por ter decidido vir a este mundo no momento mais difícil de nossa família, trazendo-nos luz e paz.

Ao meu grande amor e companheiro André, que me ensinou o verdadeiro significado da palavra amor, em quem busco inspiração para me reinventar todos os dias.

Ao meu pequeno gigante, minha medalha de ouro olímpica, meu final feliz, meu mundo, minha felicidade, meu filho Zeus... Que você seja um grande guerreiro, um gigante pela própria natureza, como sua mãe.

O dia em que me descobri uma Fênix

...

Se você está com este livro nas mãos, meu caro leitor, e já nos próximos minutos pretende mergulhar em suas páginas, antes precisa ouvir um aviso. Este não é um livro sobre competições, nem sobre a natação como modalidade esportiva.

Por mais que a minha história não possa ignorar o meu passado de nadadora campeã pan-americana, recordista e medalhista de provas nacionais e internacionais, o assunto principal aqui não é referente à minha carreira; é o meu renascimento. A experiência que compartilho nas próximas páginas tem a ver com o dia em que me descobri uma Fênix.

De acordo com a mitologia grega, a Fênix é o pássaro que, ao morrer, entra em autocombustão e consegue renascer do que sobra do seu corpo destruído pelo fogo. Se hoje eu comparo minha trajetória à desse pássaro mítico, não é por acaso: essa foi a melhor metáfora que encontrei para explicar quem é a Rebeca Braga Lakiss Gusmão da atualidade. O motivo? Simples: assim como a Fênix, eu também morri e depois renasci.

É claro que a minha morte foi simbólica — embora por pouco, muito pouco, não tenha se tornado real.

Comecei a me entregar a partir de 2006, quando os noticiários passaram a relacionar meu nome ao doping esportivo e a processos que se arrastariam por alguns anos, cheios de falhas e injustiças. Ao longo de quatro anos, até ser proferida a sentença final, minhas marcas e recordes sul-americanos foram cancelados, as quatro medalhas que conquistei nos Jogos Pan-Americanos de 2007, no Rio de Janeiro, foram retiradas e, por fim, terminei sendo banida da natação mundial. Em outras palavras, por ter sido acusada de doping, fui condenada à pena de morte.

Enquanto o caso se arrastou pelas Justiças brasileira e internacional, e nos anos posteriores à sentença, fui morrendo aos poucos. Às vezes eu tentava resistir, mas definhava a cada novo golpe de um processo atravessado por lances questionáveis. Um deles foi a acusação de que eu teria tentado fraudar as amostras de urina colhidas para o exame de doping — acusação da qual fui absolvida.

Quanto à alegação de uso de testosterona exógena, que é o hormônio sintético, externo ao corpo, não consegui provar minha inocência. Vários exames mostraram que o meu organismo produz essa testosterona, que é a natural do nosso corpo, em quantidades excessivas para o organismo de uma mulher. Mesmo assim, as tentativas de comprovar a verdade foram em vão.

O fato é que eu tenho uma constituição física naturalmente grande, e o meu porte se desenvolveu mais ainda por causa da vida de atleta de alto nível. Foram mais de dez anos de treinos e muita musculação. Resultado: a vida toda enfrentei problemas hormonais, uma vez que o meu organismo sempre produziu muita testosterona, acima da média feminina. Mas nada disso importou.

Afastada das piscinas, primeiro por suspensão e depois por banimento, fui perecendo aos poucos, até que um dia acordei e já não era mais eu. A recordista e medalhista Rebeca Gusmão não existia mais. Meu sonho de ser medalhista olímpica (fui às Olimpíadas de Atenas) havia acabado. As lembranças da minha adolescência estavam condenadas a se diluir com o tempo, a ponto de eu me esquecer daquela que é a mais mágica das sensações que um atleta pode vivenciar: os poucos instantes de glória sobre o pódio, minutos preciosos que compensam anos de sacrifícios extremos.

Fui, então, tomada pela desesperança mais arrasadora. Não via mais sentido em continuar viva. Para dizer a verdade, viver se tornara um peso. Meus dias foram invadidos pela escuridão. Não havia manhã que me fizesse sair do vazio em que me instalara. Em pouco tempo, a prostração psicológica me sugou por completo a vontade de viver, e eu fui caminhando lentamente para a morte física, da qual acabei escapando por duas vezes.

Em vão, procurei suportar todas as acusações. Parecia que a lei para mim era diferente da aplicada aos outros atletas. Por que as amostras de urina contaminadas por bactérias são descartadas quando o exame é de outros atletas e no meu caso não foram? Inclusive urinas minhas já haviam sido descartadas em outras ocasiões por contaminação bacteriana. Decididamente, a lei que me julgava não era a mesma lei dos demais. Entrarei em detalhes mais à frente, mostrando todas as contradições que apontei e as questões que levantei ao longo do processo, a grande maioria delas completamente ignorada.

Acredito que tenha sido julgada sobretudo pela minha aparência, pois eu realmente era uma mulher muito forte. Das Olimpíadas de Atenas, em 2004, aos Jogos Pan-Americanos do Rio, em 2007, minha rotina de exercícios e musculação havia atingido o ápice. Eu percebi que faria a diferença na piscina pela força e decidi adotar essa estratégia. Mas foi um erro.

Olhando para tudo o que vivi naqueles anos, compreendo que ingenuamente protagonizei a cena da garota inexperiente joga-

da aos lobos. Fui perseguida pela mídia e ignorada por muitos dirigentes. Eu tinha vinte e dois anos, era jovem demais para saber que um atleta nunca deve ameaçar um laboratório. Se havia alguma dúvida sobre o poder financeiro dessas empresas no universo esportivo e da indústria farmacêutica, hoje existem documentários seríssimos revelando essas relações.

Fui tão desassistida ao longo do processo que cheguei a contratar, com meus próprios recursos, um médico para acompanhar o exame de contraprova do doping, realizado no Canadá, como prevê a legislação esportiva. Paguei todas as despesas dele, que terminou barrado na porta do laboratório e não conseguiu acompanhar o exame.

Sozinha, perdi as forças tentando nadar contra uma corrente poderosa. Não consegui manter a cabeça fora da água e afundei. Atravessei 2013 em estado de depressão. Foram duas tentativas de suicídio em três meses.

Na segunda vez que tentei me matar, quase consegui. Era a noite de 29 de agosto, e a insensatez me fez entrar em coma. Vivi três dias na mais completa ausência. Eu nunca soube o que aconteceu comigo naquele mergulho. Só sei que, ao voltar do encontro silencioso comigo mesma — e acredito que com Deus também —, tomei fôlego e senti muita raiva.

Para quem tinha dedicado toda a adolescência ao esporte, enfrentando os sacrifícios naturais à condição de atleta de alto nível, ser banida da natação mundial era o mesmo que morrer. O fato se mostrava mais cruel quando eu fazia as contas: até o dia do veredito final do meu processo, mais da metade da minha vida tinha sido dedicada a um sonho que acabou arrancado de mim.

O percurso que precisei trilhar para sair da escuridão em que mergulhei a partir dali, até conseguir reagir e renascer, é o que trago para este relato. Neste livro estão detalhes do que senti e vivi sozinha — algo que não foi publicado em nenhum jornal ou revista.

Minha intenção aqui é falar com todas as pessoas, incluindo os meus fãs, que me dão força e me enviam palavras de incentivo. Mas eu quero falar também com quem teve arrancado de si o seu sonho mais precioso.

A mensagem que escolhi destacar nas próximas páginas carrega os sentimentos de quem passou pela depressão mais profunda e conseguiu reagir a tempo. É por isso que faço questão de compartilhar minha história, na tentativa de ajudar quem passa por situações semelhantes. Não me agrada falar desse assunto, até porque minha vida não teve apenas momentos de dor e decepção.

Se hoje estou aqui, é porque encontrei em meu percurso o verdadeiro amor e amizade. A trajetória que compartilho fala sobretudo de transformação, de fé, de coragem e de renascimento. Acredito que a minha história seja um estímulo para quem precisa e quer se transformar.

Vou ser eternamente grata aos meus pais e às pessoas que me mostraram a luz no fim do túnel quando para mim tudo era escuridão. Sem elas, eu não teria conseguido sair de lá. Tampouco teria encontrado a felicidade como a que eu vivo hoje com meu companheiro, com quem encomendamos o novo amor das nossas vidas: Zeus.

Para você, que decidiu continuar a ler depois desta introdução, a grande lição que aprendi e levo aonde for é a seguinte: tenha fé e se esforce para se amar verdadeiramente, até porque tudo pode se transformar — principalmente o que não é bom. Acredite nisso. Mudar é renascer. E eu renasci.

Sumário

...

1

A MORTE SIMBÓLICA

...

***"Não restará na noite uma só estrela.
Não restará a noite.
Morrerei e comigo irá a soma
Do intolerável universo."***

Jorge Luis Borges

No dia 29 de agosto de 2013 eu decidi colocar um ponto-final na minha dor. Aquela quinta-feira tinha sido marcada por mágoa e tristeza. Tirar a minha vida não seria uma atitude repentina, tomada por impulso em um momento ruim: eu vinha alimentando a ideia havia meses, e ela crescia muito rapidamente. Mas só vim a descobrir que ela tinha tomado forma quando voltei ao meu apartamento naquele final de tarde.

A vontade de sumir para nunca mais sentir tanta dor vinha crescendo desde o início das acusações de doping esportivo que envolveram meu nome em 2006, acusações essas que se agravaram em 2007, quando foi publicada a primeira sentença. O fim do processo culminou com o meu banimento das competições mundiais de natação. O resultado disso tudo foram cinco anos em que tentei, sem sucesso, me acostumar a uma rotina que me afastou progressivamente das piscinas. Assim, fiquei isolada do circuito de atividades que eu frequentara diariamente por mais de dez anos.

Como eu resisti? Fui obrigada a ir matando, pouco a pouco, o meu espírito de atleta medalhista, mas, à medida que a esportista morria dentro de mim, restava a pessoa física Rebeca Braga Lakiss Gusmão, também ferida de morte. Sem aquela parte que completava minha identidade, eu sentia que não conseguiria sobreviver. A natação e o circuito de competições haviam moldado meu tempo, meu corpo, meus hábitos, meus gostos, minhas amizades. Essa vivência preencheu meu passado de tal maneira que estava cada vez mais difícil prosseguir pela metade.

Doía em mim a lembrança da luta diária de treinos pesados e desafiantes, o esforço das provas, as vitórias nacionais e internacionais. Tudo isso foi jogado na lata de lixo da história esportiva. Doía também a impotência diante do fato de ter sido julgada e punida em um processo tão cheio de lacunas e questionamentos. Como se não bastassem essas dores, eu ainda enfrentava uma decepção amorosa.

Hoje eu sei que, assim que cruzei a porta do meu apartamento, estava tomada pela insensibilidade que se apossa das pessoas depressivas. Eu não pensava mais nos meus pais e nas minhas irmãs, tampouco nos meus amigos. Eu não pensava sequer em mim mesma. Tinha chegado ao meu limite.

Daquele momento em diante, eu sabia que não haveria testemunhas para o que estava por vir. Eu estava sozinha, metida em um casulo escuro. Ninguém, absolutamente ninguém, poderia me tirar de lá e me salvar.

Fechei a porta atrás de mim, joguei a bolsa no sofá e caminhei, decidida, até o quarto. Por um tempo que me pareceu infinito, fiquei sentada no parapeito da janela, no décimo terceiro andar, o mesmo lugar onde, semanas antes, eu tinha permanecido por horas com uma garrafa de vodca na mão, bêbada, torcendo para despencar lá embaixo. Durante um bom tempo, observei as pessoas passando na rua. Nenhuma delas sabia da minha dor.

Pensando bem, a verdade é que eu também não sabia da dor delas. No auge da depressão que se instalou aos poucos e tomou conta da minha vida, eu não conseguia sentir empatia por ninguém. Passava os dias trancada em casa, sem ninguém, dormindo e fazendo questão de não acordar. Para isso, tomava medicamentos que me apagavam. Sem falar na vodca, sempre vodca. Muita.

Minha dor era única, a maior de todas, poderosa o suficiente para me sufocar. E eu realmente ficava sem ar. Mas era uma sensação diferente de quando eu segurava propositadamente o ar nos pulmões antes de atravessar a piscina, contando azulejos um a um, que é como os nadadores vencem o tempo que parece infinito nos treinos. A diferença é que lá eu tinha uma meta; agora eu não tinha mais nada.

Do parapeito da minha janela, percebi a luz avermelhada do serrado anunciando o fim do dia, ainda que a iluminação artificial de Brasília a ofuscasse. E então tudo se fez escuridão.

Antes disso, peguei o vidro de calmante quase cheio e o esvaziei na boca. Havia outro no armário do banheiro. Na área de serviço, encontrei o veneno de rato e a água sanitária. Antes de apagar, não me lembro se levantei o copo em um brinde final à vida que dali a instantes deixaria o meu corpo. Devo ter desabado e me estatelado no chão. Quando acordei, três dias depois, eu já era outra pessoa. Tinha decidido mudar completamente de opinião e de postura diante da vida.

2

COMO NASCE
UMA CAMPEÃ

...

"Existe um milagre em cada recomeço."

Hermann Hesse

Uma das ideias que gosto de compartilhar com meus fãs, meus seguidores, meus amigos e com quem me ouve nas palestras que faço pelo Brasil é a de que mudar de opinião pode ser interessante.

Estar pronto para se transformar faz o ser humano crescer e se aperfeiçoar, abrir novos caminhos para si mesmo. E, acredite em mim: pode trazer surpresas positivas.

Não estou dizendo com isso, naturalmente, que você deve ser volúvel e mudar de pensamento a toda hora. Quero chamar a sua atenção para a necessidade de sermos mais flexíveis perante a vida. É preciso ouvir e considerar outras opiniões e pontos de vista, porque, quando nos fechamos em uma convicção, automaticamente impedimos qualquer virada de rumo que poderia ser útil e necessária.

Tenho orgulho de mim mesma por ter conseguido mudar de opinião ainda muito cedo, em uma situação que acabou por definir o meu futuro. Eu diria que a essa abertura eu devo uma das mais importantes conquistas da minha vida: o fato de ter me tornado uma nadadora profissional. Bem mais tarde, passei a dever a minha própria sobrevivência a esse tipo de atitude e predisposição. Se hoje estou aqui para compartilhar minhas experiências, é porque tive sabedoria para perceber que não poderia seguir pensando da mesma maneira.

Um dos motivos que fazem uma pessoa se recusar a mudar de opinião é o fato de que essa postura implica lidar com novidades que inevitavelmente surgirão pela frente. No fim das contas, a mudança nos obriga a reagir, pois nos expulsa da nossa zona de conforto, onde geralmente permanecemos tranquilos porque temos o domínio da situação.

Para entender como uma pessoa inflexível perde oportunidades na vida, imagine uma situação como esta: se alguém tem opinião formada sobre uma experiência, uma comida ou um lugar, por exemplo, a tendência será repetir o mesmo comportamento sempre que puder. Essa pessoa vai se tornar chata, ranzinza. Vai dizer que não gosta de fazer isso, que não suporta o sabor daquilo e que não se sente bem em tal ambiente. Sem se abrir para a possibilidade de viver uma nova experiência, ela vai ignorar que, com o tempo, os lugares mudam, as pessoas mudam, ela mesma muda, e de repente aquela velha opinião formada sobre tudo, para citar a música, poderia ser outra. Esse indivíduo vai deixar de fazer descobertas importantes.

Começar a se questionar sobre as próprias convicções pode ser o primeiro passo para mudar e experimentar coisas diferentes. A pessoa do nosso exemplo, que tem uma opinião formada sobre todas as experiências, de repente poderia se perguntar se aquela atividade física que ela tanto evitou não poderia ser útil, quem sabe até ajudá-la a relaxar e dormir melhor. Se aquele sabor detestável de repente não poderia ficar agradável, já que as inovações gastronômicas podem trazer boas surpresas, sem falar que o paladar de todo mundo se modifica com a idade. E aquele lugar que antes não interessava? Será que continua igual? Não poderia ser hoje frequentado por outras pessoas? Será que não estaria mais divertido e interessante?

Quem não consegue se questionar nem se aventurar em direção à novidade permanece estagnado e perde a chance de conhecer novos lugares, de provar novos sabores e até de fazer novos amigos. Tudo isso por causa de uma impressão que deveria ter ficado no passado.

Sobre a minha primeira grande mudança, vou começar contando um segredo que ficou guardado por muito tempo: quando era criança, eu detestava nadar! Irônico, não? Com certeza você está se perguntando como foi que eu consegui vencer essa repulsa e me tornar campeã de natação.

A resposta passa pela minha predisposição a experimentar o que eu não conheço e a romper com situações cômodas, cheia de coragem para mudar. Eu me lembro exatamente da primeira vez que precisei enfrentar a resistência à mudança.

DESPERTANDO **MUITO CEDO**

Por volta dos sete anos, bastava colocar a ponta do pé na água que o mundo desabava: eu fazia birra, chegava a chorar. Eu simplesmente odiava água fria, sobretudo de manhã, mas era justamente nesse horário que aconteciam as nossas aulas de natação. Minhas irmãs, Aline e Jéssica, enfrentavam aquele martírio comigo.

Sou a filha do meio do casal Maria Inês Braga Gusmão e Ajalmar Lakiss Gusmão. Ela, hoje aposentada, era professora de português e francês. Ele,

Meus pais, Ajalmar e Maria Inês, com quem aprendi a amar e me dedicar ao esporte

economista, ainda trabalha no Ministério do Comércio Exterior. Meu pai sempre foi um grande esportista, além de ser o meu herói. Meus pais são de Recife, mas minhas irmãs e eu nascemos em Brasília, onde passamos a infância, a adolescência e vivemos até hoje.

Se fosse pela vontade da nossa mãe, nós três escolheríamos um curso universitário, nos formaríamos e seguiríamos nessa profissão. Para o meu pai, porém, isso não era suficiente. Ele sonhava com algo mais para nós três. Justamente pelo fato de ter sido jogador de futebol e corredor profissional, entre outras modalidades que praticou como esportista incansável, ele esperava que nós também fôssemos atletas. Pensando bem, ele queria que as filhas fossem primeiro atletas e depois seguissem outra profissão. Isso explica o porquê, na infância e na adolescência, as três estavam sempre envolvidas em alguma atividade esportiva.

Eu mesma fiz basquete, judô, ginástica, salto ornamental, vôlei, capoeira, futebol, handball, atletismo. Nós frequentávamos o Clube do Exército e o DEFER (um tipo de projeto social), em Brasília, e a cada semestre praticávamos uma nova modalidade, com a condição de que a natação estivesse incluída — principalmente no meu caso, porque eu tinha bronquite e asma e precisava nadar para fortalecer os pulmões. Mas como, se eu simplesmente odiava entrar na água?

A bem da verdade, a repulsa era mais pela temperatura do que pela natação em si, mas naquela época, na virada dos anos 1980 para 1990, não se dava tanta importância para opinião de criança em assuntos de educação: a gente obedecia ao que os pais nos diziam, ainda mais quando se tratava de uma indicação médica. Portanto, só me restava nadar.

Na casa da tia Marli, a farra rolava na piscina

O que me fez deixar de odiar a água gelada das piscinas e aprender a conviver bem com ela foi um estalo, um daqueles momentos "mas por que não?". Eu despertei para a ideia de ter uma meta, sem me importar mais com a temperatura da água, em uma viagem que fiz com meu pai a Manaus. Eu estava com onze anos e o acompanhava em mais uma das competições de que ele participava.

Era o ano de 1996, e estávamos os dois em um shopping, quando uma loja de produtos eletrônicos me chamou a atenção. Havia várias televisões ligadas na transmissão das Olimpíadas de Atlanta, nos Estados Unidos, e na raia oito estava o nadador Fernando Scherer, o Xuxa, representando o Brasil. Eu me afastei do meu pai, aproximei-me da vitrine, praticamente colei o rosto no vidro e assisti à final dos 50m livre da competição masculina.

Quando Xuxa bateu a mão na borda e ganhou a medalha de bronze, fui tomada por uma sensação inexplicável, que deve ter acionado algum circuito emocional importante em mim. Aquela vitória, talvez pelo fato de Xuxa ter enfrentado tantos problemas durante a competição, tocou a minha alma. Naquele dia, eu não tinha ideia de que no futuro viria a dividir um apartamento com aquele atleta e outros nadadores em treinamento nos Estados Unidos, nem que iríamos integrar, juntos, as delegações brasileiras dos Jogos Pan-Americanos de 1999 e 2003 e das Olimpíadas de Atenas, em 2004.

Pode parecer engraçado (ou exagerado) falar desse despertar, já que eu era só uma garota saindo da infância, mas a verdade é que a repulsa pelas piscinas de repente deixou de ser um problema. Fui invadida por uma vontade imensa de estar entre aqueles atletas e de um dia experimentar o que eu consegui captar da difícil vitória de Xuxa: a recompensa de subir ao pódio, nem que fosse por poucos segundos, tendo o mundo ao redor como uma espécie de coparticipante das minhas conquistas.

Como espectadora dos Jogos Olímpicos de Atlanta, vibrei muito com as quinze medalhas conquistadas pelo Brasil, uma performance significativa em relação às Olimpíadas anteriores, quando o quadro de medalhas do país nunca passou de dez. Eu realmente queria pertencer àquele mundo.

É difícil explicar racionalmente o que aconteceu comigo nos minutos em frente à vitrine da loja, mas hoje eu atribuo aquela motivação à minha disposição para mudar e experimentar novidades. É claro que aquele sentimento estava crescendo dentro de mim fazia tempo, porque o meu pai, de certa forma, vivia naquele mundo e nos contagiava com o seu esforço e vibração. Eu me lembro de que, depois daquele estalo, passei a repetir para mim mesma: "Eu quero isso! Quero ir para as Olimpíadas! Quero ser medalhista".

Naquele dia, depois que Xuxa conseguiu a sua medalha de bronze, eu corri na direção do meu pai:

— Pai, eu quero ir para as Olimpíadas. Quero ser uma atleta olímpica!

Dá para imaginar a felicidade dele? Meu pai abriu seu melhor sorriso, o mesmo que eu veria muitas vezes durante a minha carreira:

— Tem certeza, Rebeca? É isso mesmo que você quer, minha filha? — perguntou, enquanto me abraçava forte. E então fez uma proposta que eu nunca mais vou esquecer: — Se daqui a quinze dias você continuar firme com essa ideia, vamos fazer dessa vontade uma realidade.

Ainda que o meu pai seja um atleta apaixonado, que sonhava com a mesma paixão para suas filhas, ele nunca nos forçou a seguir esse caminho profissional. Meu pai só insistia na nossa atividade física regular por questões de saúde, principalmente quando havia recomendação médica. Mas eu e as minhas irmãs sabíamos que, se nos tornássemos atletas, ele estaria no céu, porque era um desejo latente dele.

Eu gosto de ressaltar que nunca sofri nenhum tipo de imposição por parte do meu pai, tanto que minhas irmãs optaram por outras carreiras. Mas a adoração dele pelo esporte me tocava de um jeito especial. Eu amava quando ele ficava me mostrando as medalhas que ganhava, todas guardadas em uma caixa, gesto que tempos depois eu repetiria com meu sobrinho Zion, filho da minha irmã Aline, desta vez com minhas próprias medalhas. Talvez esteja aí a explicação para aquele meu entusiasmo, uma empolgação sincera que arrancou do meu pai um sorriso do fundo da sua alma.

Duas semanas depois, conforme combinado naquele dia mágico, eu daria o meu primeiro passo em direção ao pódio, e isso mudaria a minha vida para sempre.

Antes de falar da correria que passaria a fazer parte da minha rotina, quero relembrar um pouco mais a minha infância, porque nela está a base da minha formação. Além disso, quando comparo o antes e o depois, percebo que escolher a carreira de nadadora mudou não apenas a minha vida, mas a de toda a minha família.

A REBECA QUE **NINGUÉM CONHECE**

Eu nasci em 24 de agosto de 1984. Minha irmã Aline é dois anos mais velha do que eu, e a Jéssica é quatro anos mais nova. Ainda que tivéssemos alguns anos de diferença, quando éramos crianças nós brincávamos juntas. Crescemos no Cruzeiro, um bairro de classe média em Brasília, e lá moramos até 1993, quando nos mudamos para a Asa Norte.

No bairro do Cruzeiro, onde as casas eram geminadas, fazíamos parte de uma turma inseparável de vizinhos de rua. Esse grupo era formado mais por meninos do que por meninas, então o espírito moleque dominava nossas brincadeiras. Nós aprontávamos de tudo; não parávamos quietos. Era jogo de bola, pega-pega, pique-esconde, queimada, futebol. Eu adorava futebol, tanto que, já adulta, fiz parte de times da minha cidade.

Brincar é tudo de bom. Tenho certeza de que aproveitei muito a infância, e a maior prova disso são as cicatrizes dos machucados que trago no corpo até hoje. Eu era bem levada, a mais espoleta das três irmãs. Em pouco tempo, também seria a mais alta e a mais forte, aparência que daria origem ao meu apelido: Gigante. Nós saíamos para brincar e toda semana eu arranjava um machucado diferente. Arrancar o tampo do dedão era o mais comum, porque volta e meia eu chutava o asfalto! Era normal para nós.

Pelas características do bairro Cruzeiro, não tinha mesmo outro jeito de levarmos a vida. As crianças todas se conheciam. A folia começava na sexta-feira e durava o fim de semana inteiro. No domingo, ficávamos na casa da madrinha da Jéssica, que era nossa vizinha e quase sempre fazia churrasco. Na piscina, inventávamos competições: disputávamos para ver quem atravessava de um lado a outro mais rápido, quem movimentava mais água batendo as pernas, quem aguentava mais tempo submerso... Também jogávamos videogame por horas e horas. À noite era a vez do pique-esconde e do pique-cola. Foi nessas brincadeiras que eu fui moldando meu gosto pela competição.

Se dependesse de nós, brincar com a turma da rua seria uma programação diária, mas havia regras a cumprir. Quando chegávamos do colégio, tentávamos alguma estratégia para escapar, mas a nossa mãe se adiantava:

— Rua só sexta à noite, sábado e domingo. Hoje é dia de dormir cedo.

É claro que às vezes conseguíamos dar uma fugidinha. Tínhamos nossas bonecas e brinquedos, o videogame e a televisão a nosso dispor. Éramos fãs dos desenhos e das séries que passavam nos programas da Xuxa, da Angélica e da Mara Maravilha, o trio que marcou a infância da geração 1990. Só que a rua era sempre a maior tentação, pelo espaço livre e pelas descobertas possíveis. Aquela liberdade nos lembrava muito as férias passadas no Recife e no Rio de Janeiro, quando nos juntávamos com nossos primos e tudo vinha abaixo, no bom sentido. Para você ter uma ideia, temos vinte e seis primos só por parte de mãe, e mais sete por parte de pai. Dá para imaginar o que acontecia quando essa galera estava reunida no mesmo quintal.

Enquanto as férias não chegavam, nossa missão era conseguir brincar na rua também durante a semana. Minhas irmãs e eu insistíamos até certo ponto, porque, se ultrapassássemos o limite da tolerância materna, o couro comia lá em casa. Não foram poucas as vezes que levamos umas palmadas, especialmente eu.

Sem querer entrar em polêmica, até porque hoje amadureceu muito a discussão sobre como educar filhos, naquela época as palmadas eram um recurso educativo muito recorrente, e na verdade não doíam nem no corpo nem na alma. No fim das contas, tudo parecia mais uma encenação, e até que funcionava: nós pensávamos duas vezes antes de colocar as manguinhas de fora, e tínhamos consciência do nosso papel na estrutura familiar. Naquela época, ainda não sabia que essa consciência iria me ajudar no futuro, em minha carreira, quando eu precisaria obedecer aos comandos dos meus técnicos.

Vou confessar, porém, que uma coisa me intriga até hoje: por que é que, quando a gente se machucava e chegava em casa injuriado, ainda levava uns petelecos dos pais? Já não bastava a dor do machucado?! Pior que muitos técnicos esportivos seguem a mesma cartilha.

A explicação que eu encontro no campo familiar é a de que devia ser uma reação de medo, talvez de desespero, por receio que pudéssemos nos machucar com gravidade. Então, por via das dúvidas, dá-lhe corretivo: "Melhor ensinar a prevenir do que remediar. Vocês precisam aprender a ter mais cuidado" — meus pais talvez pensassem dessa forma. Hoje eu acredito que, quando me tornar mãe e conhecer na pele esse amor protetor, aquelas atitudes passarão a fazer mais sentido.

No campo esportivo, acredito que não dar moleza para o atleta é um jeito de nos endurecer e nos preparar para o altíssimo nível das competições profissionais, nos quais os destinos se definem por segundos. Ali o céu e o inferno estão separados por mínimas frações de tempo. Diante dessas regras, só resta ao técnico assumir o papel de um personagem muito rígido, quase nos convencendo de que não gosta de nós. No fundo, ele não pode nos dar abertura para fraquezas, porque os desafios de um atleta são sempre cada vez maiores.

De qualquer maneira, sou grata à dedicação e à orientação que recebi dos meus técnicos. Quanto à dedicação dos meus pais, já disse aqui e repito: vou ser eternamente grata pelo amor que recebi deles.

Para dimensionar esse bem-querer, acho interessante ilustrar com a reação do meu pai toda vez que nos repreendia: ele dava a bronca e até uns tapas em nós, mas depois disso se fechava no quarto. Até que um dia descobrimos por quê: ele às vezes chorava, porque se sentia mal, não gostava de brigar conosco. Mesmo sendo tão sensível, meu pai tinha a obrigação de nos educar, e aquele era o modelo de educação na época.

A verdade é que ele sempre teve o coração mole, apesar da palmada dura. E, no fim das contas, a gente aprontava mesmo e quase enlouquecia os adultos. Por isso, às vezes, acontecia de as três irmãs levarem palmadas na sequência, uma reação imediata às nossas brigas e gritarias. Ali em casa não tinha concessão: o certo era não brigar, e ninguém tinha razão. Todas apanhavam.

Se hoje eu faço um paralelo daqueles momentos com a rotina de atleta, percebo que a minha formação familiar acabou ajudando muito na minha carreira esportiva, principalmente porque os técnicos não abrem exceções. Não havia dor, cansaço, mal-estar, nenhum tipo de desculpa que justificasse deixar de treinar. Os privilégios eram raros: só mesmo em caso de recomendação médica.

Embora eu não fosse tão briguenta na infância, quando havia alguma confusão, lá estava eu metida. Eu era presença cativa nas discussões, muito mais do que as minhas irmãs. O que acontecia com mais frequência — e acontecia mesmo! — era eu aprontar com elas, como a vez em que empurrei a Aline em uma piscina lotada de girinos, quando ela se agachou na beirada, impressionada com a quantidade deles. Eu morri de rir, porque a vi sair de lá feito um raio!

Eram travessuras inocentes, incluindo as brigas que tive com a turma da rua na Asa Norte, onde, ao contrário do bairro Cruzeiro, havia mais meninas que meninos. Eu costumava não perdoar se mexessem com a Aline ou a Jéssica. O sangue subia e eu partia para cima, na defesa das minhas irmãs.

A partir dos doze anos, passei a ficar cada dia mais forte por causa dos treinos e da natação. Minha presença impunha respeito. Bastava a Gigante aparecer e tudo se resolvia, na maioria das vezes só na palavra. Se o respeito era pura intimidação pelo meu tamanho, não sei, mas o fato é que as coisas se encaminhavam e logo nós estávamos rindo e nos divertindo de novo. Minhas irmãs e eu tivemos uma infância e uma adolescência felizes, pelo amor que nossos pais souberam plantar entre nós.

A bem da verdade, o senhor Ajalmar e a dona Maria Inês são pais maravilhosos e sempre estiveram ao nosso lado, presentes em todas as horas. Eles fizeram de tudo para conciliar suas vidas profissionais com o papel de pais responsáveis e amorosos. Eles nos levavam e buscavam da escola, da natação, nos enchiam de carinho, cuidavam de nós quando ficávamos doentes, ajudavam nas tarefas e nos estudos e até na hora de arrumar o nosso cabelo davam uma mão. Aqui eu me lembro da minha mãe, que, na hora do almoço, vinha correndo do trabalho para cuidar da nossa alimentação, mas também para prender direitinho o cabelo da Aline, uma exigência do Colégio Militar que ela frequentava.

Quantas foram as vezes em que ela acordou de madrugada, de madrugadão mesmo, só para me dar um beijo antes do treino? Minha ligação com os dois, em especial com minha mãe, sempre foi muito intensa, visceral.

Com minhas irmãs Aline e Jéssica, meu porto seguro

Minhas irmãs e eu fomos privilegiadas por receber essa atenção e amor, algo que se reflete em nossas vidas até hoje. Damos muito valor à família por causa deles. Por isso, encho a boca e faço questão de dizer que tanto meu pai quanto minha mãe nos deram a maior herança que se pode deixar aos filhos: amor, educação e estudo. Tenho lindas memórias, que sempre me emocionam, pois essa foi a minha base de sustentação, um pilar que me ajudaria muito no futuro. A minha passagem pelo mundo do esporte ficou marcada por sacrifícios e desfechos nem sempre felizes, fortes o suficiente para rachar qualquer estrutura.

Meu pai, meu grande incentivador e companheiro. Esteve sempre presente em minhas competições

Hoje eu sei que tudo teria sido ainda mais difícil se eu não tivesse esse porto seguro em minha família. Lá em casa, as coisas eram levadas com bastante leveza, de um jeito divertido, temperadas com uma boa dose de bom humor. Isso de certa maneira me ajudou quando precisei ter jogo de cintura e a rir das situações mais complicadas. Um caso clássico do nosso bom humor envolveu o galo Brizola, meu primeiro e único animal de estimação da infância.

Ainda que eu só tenha tido o Brizola dentro de casa, não era raro o nosso contato com a natureza quando éramos crianças. Nós frequentávamos fazendas de amigos e parentes, e andar a cavalo foi a minha atividade preferida até o dia em que levei um tombo preocupante, aos sete anos, bem na frente do meu pai — e, mesmo assim, não desisti dessa paixão.

O que aconteceu com o galo Brizola foi que um dia ele escapou e saiu para ciscar na horta da tia Marli, nossa vizinha no bairro Cruzeiro. Aí não teve jeito. Quando minha tia viu o galo destruindo as hortaliças de que ela cuidava com tanto carinho, ameaçou colocá-lo na panela. Minhas irmãs e eu gritamos, desesperadas:

— Pai, pai! O Brizola fugiu! O Brizola vai se perder! Vão roubar o Brizola! — falamos pouco antes de descobrirmos o paradeiro do fujão:
— Mãe, mãe, a tia Marli disse que vai cozinhar o Brizola!

Cada vez que meu pai conta essa história, não tem como não rir junto. Ele achava hilário que as suas crianças tivessem tanta afeição por um galo, que ainda por cima levava o nome de um político polêmico de tempos passados.

Hoje, quando me lembro dessas e de outras cenas, sinto muita gratidão pelo fato de os meus pais nos ensinarem a enxergar as dificuldades com senso de humor. Digo isso porque, quando a natação entrou em nossas vidas, o esporte impôs uma rotina maluca a toda a família, e aí só mesmo com muita leveza para encarar o tranco.

Quando comecei a treinar seriamente, eu estava começando a segunda fase do ensino fundamental e estudava de manhã. Eu entrava na escola às sete e trinta, o que explica por que durante muito tempo precisei acordar às três e meia. Eu precisava treinar e depois assistir às aulas e à tarde voltar para piscina novamente. Adivinha quem se levantava para preparar meu café da manhã. Dona Maria Inês! E quem me levava para o clube e dormia no carro esperando o treino terminar? Senhor Ajalmar! Essa era a rotina deles antes de seguir para os seus respectivos empregos. Para piorar, em certas épocas eu treinava todos os dias durante a madrugada e à tarde, fora as constantes viagens para competir.

Minha mãe tomou para si a responsabilidade de uma parte importante da minha vida, que era a alimentação, uma atribuição de que ela cuidou durante a minha adolescência também. Ela se preocupava com a possibilidade de eu enfraquecer ou desenvolver algum tipo de deficiência nutricional, já que eu fazia esforços físicos intensos e enfrentava as transformações da idade. Os esportes de alto rendimento costumam exigir muito do corpo do atleta, e para uma adolescente as consequências podem ser sérias. Foi o que aconteceu comigo.

Muito cedo eu descobri que tinha a síndrome dos ovários policísticos. O desgaste físico diário se encarregava de queimar as calorias consumidas, eliminando do meu corpo qualquer gordura excedente, e isso interferiu na minha ovulação e menstruação: só fui menstruar pela primeira vez aos quinze anos. Outra consequência de ter sido uma praticante ativa e precoce de esportes de alto rendimento foi apresentar taxas hormonais desequilibradas. A vida toda eu tive uma taxa de hormônios masculinos superior aos índices normais para as mulheres.

À medida que fui me tornando uma atleta profissional, passei a ser acompanhada por médicos e nutricionistas, submetendo-me a exames regulares, mas a verdade é que minha mãe nunca arredou pé da missão de zelar pela minha saúde. Até mesmo quando saí de casa para treinar em Coral Springs, na Flórida — depois de ter participado dos Jogos Pan-Americanos de Winnipeg, no Canadá, nos de Santo Domingo, na República Dominicana, e das Olimpíadas de Atenas —, ela me ligava para saber se eu estava dormindo e comendo bem.

Nos Estados Unidos, assim que me instalei com o meu pai, que ficou comigo por dois meses para me ajudar a resolver as questões práticas da vida no exterior, como alugar apartamento e me adaptar à nova rotina, encontramos um restaurante brasileiro, que passei a frequentar assiduamente. Só ali eu podia desfrutar do nosso feijão com arroz acompanhado de carne ou peixe.

Uma das preocupações durante a temporada americana foi o meu peso, porque nos Estados Unidos a comida corriqueira é o fast food, muito calórico. Só que o aumento de peso de um esportista nem sempre tem a ver com ganho de gordura, mas sim de massa muscular. Aqui eu abro um parêntese e me adianto no tempo: quando voltei ao Brasil, tinha conseguido aumentar meu peso em seis quilos, especialmente de músculos, o que me permitiu chegar muito forte e competitiva ao Pan-Americano do Rio, em 2007.

Para atingir esse resultado, contratei um professor de musculação, com quem chegava a treinar duas vezes ao dia, levantando, por exemplo, cento e vinte quilos no supino, que é o aparelho destinado a desenvolver e fortalecer a musculatura peitoral. Sem contar as horas dedicadas à natação. Isso tudo explica por que eu cheguei a ter uma envergadura de um metro e oitenta e oito centímetros. Na época eu estava com dezenove anos, e cada braçada praticamente me fazia voar dentro da piscina.

A decisão de investir mais na força física foi motivada por uma descoberta que fiz naquela temporada em relação aos nadadores profissionais americanos (os melhores do mundo): nos Estados Unidos, a força é essencial para os velocistas, que é o meu caso. Quanto mais músculos de explosão, melhores são os resultados nas provas curtas de 50m e 100m livre.

Muito antes, porém, de eu saber que seria velocista e campeã nesse estilo, antes mesmo de construir minha fortaleza física e de estar entre as melhores nadadoras do Brasil e da América, precisei trilhar um longo percurso, marcado por sacrifícios, renúncias e lágrimas. É claro que houve lágrimas de alegria, mas muitas delas passaram bem longe disso.

Eu chorei de dor, de saudade da minha família, de desespero diante da exigência dos treinadores, de medo de não conseguir, chorei pela cobrança excessiva em relação a mim mesma, chorei de cansaço, de solidão, de vontade de ser uma adolescente igual a tantas outras. A verdade é que ser atleta não é nada fácil. O desgaste físico e psicológico é extremo.

Aos doze anos, eu não podia imaginar que um dia iria competir com o dedo quebrado e o tornozelo torcido, com febre, pneumonia, dengue, com lesões que pareciam não ter fim. Tampouco sabia que sentiria uma grande solidão e que boa parte dos meus dias seria preenchida por horas e horas de uma conversa silenciosa entre mim e os azulejos da piscina, quase sempre sob a lua fria da madrugada.

Mas eu logo descobriria, também, que é assim que se fazem os campeões. Esse lado a maioria das pessoas desconhece, porque todo mundo só presta atenção nos esportistas quando eles vivem momentos de glória — ou de desgraça. Pouca gente imagina o que nós enfrentamos para chegar ao pódio, e tudo o que nós passamos quando não conquistamos uma boa posição. As pessoas ignoram, também, o que nós sentimos quando arrancam nosso maior sonho, como aconteceu comigo ao ser banida das competições internacionais de natação.

É por isso que eu faço questão de compartilhar aqui não só a minha história, mas uma realidade desconhecida ou pouco conhecida para a maioria dos brasileiros. Essa realidade, aliás, não é apenas minha, mas de todos os atletas que lutam diariamente, alguns deles incógnitos, para proporcionar ao público alguns instantes de emoção.

COMO SE FAZ **UMA MEDALHISTA**

Assim que a natação entrou na minha vida, a partir de 1996, houve um grande rebuliço no meu dia a dia. Eu já falei sobre isso neste livro, mas preciso mesmo ressaltar que a revolução interna e a externa não aconteceram só comigo: toda a minha família se viu afetada. A minha carreira se tornou um compromisso familiar.

Pouco a pouco, o calendário dos Lakiss Gusmão passou a girar em torno dos meus compromissos esportivos. Meu pai e minha mãe se revezavam para me acompanhar, escalando um dos membros da casa ou todos, se fosse período de férias, para garantir minha presença nas competições. Nós sempre viajávamos juntos quando eu tinha provas. Em algumas férias nós não podíamos viajar, para desgosto das minhas irmãs.

Houve um tempo em que até na hora de dormir a Alice e a Jéssica tinham que fazer concessões. Eu precisava deitar cedo, por volta das oito da noite, para acordar de madrugadinha. E nós dormíamos as três no mesmo quarto... Dá para imaginar que estudar à noite não era fácil para elas, pois eu precisava de silêncio e da luz apagada. Depois de alguns ajustes no orçamento familiar, conseguimos mudar para um apartamento maior, onde passei a ter um quarto só meu. Para mim, aquilo foi o céu!

Não levou muito tempo para eu ter certeza de que tinha nascido para a natação profissional. E tudo aconteceu três meses depois que comecei o treinamento de alto rendimento. A conquista? A medalha de ouro no Campeonato Brasileiro Infantil de Natação de 1997. Meu técnico, Hugo Lobo Filho, que me acompanharia ao longo de toda a minha carreira no Brasil, simplesmente não acreditava no que estava vendo. A previsão dele para mim, em termos de conquistas importantes, era para dali a três anos.

— Um campeonato desse não é fácil. Você tem tudo para ser campeã brasileira, mas não agora — ele me disse na véspera da prova.

— Vamos apostar que eu ganho? — respondi, estendendo a mão para fecharmos a aposta.

Eu consigo entender a surpresa dele e de todo mundo. Afinal, o meu tempo naquela prova de 50m livre acabou sendo bem superior ao da segunda colocada, um índice muito alto para a minha idade em tão pouco tempo de treinamento. Cheguei na frente com praticamente meio corpo de diferença. Essa minha primeira medalha de ouro eu conquistei em Maceió, e no dia da prova final estava chovendo. Foi daí que surgiu a minha superstição de que embaixo de chuva eu nadava muito melhor (e essa constatação de fato iria se repetir outras vezes).

Logo depois de ganhar o campeonato brasileiro infantil, o meu potencial esportivo ficou evidente, e não faltavam convites e oportunidades. Em 1998, eu já integrava a Seleção Brasileira de Natação. Mais um ano e eu ganharia minha primeira medalha pan-americana, nos jogos de Winnipeg, no Canadá, com a seleção absoluta. Eu só tinha catorze anos!

Quando voltei do Pan-Americano, fui recebida na escola com palmas e uma grande festa. Eu estava na oitava série e fiquei toda orgulhosa. Foi eu começar a me destacar nas competições que logo surgiu o convite do clube Vasco da Gama, do Rio de Janeiro, para eu fazer parte da sua equipe de natação. Lá eu ficaria de 1999 a 2001. Como na época não tinha jeito de eu morar sozinha na Cidade Maravilhosa, a solução era viajar semanalmente.

A emoção de ganhar a medalha de bronze nos Jogos Pan-Americanos de Winnipeg

Toda sexta-feira eu saía de Brasília e voava para o Rio, com a volta marcada para o domingo ou, às vezes, para a segunda-feira. Nem preciso dizer que meu pai ficava furioso quando eu faltava às aulas. Ele chegou a ameaçar suspender a autorização para que eu viajasse se meu rendimento escolar caísse.

E foi exatamente o que aconteceu. Com uma rotina cada vez mais exigente e competitiva, não foi apenas o desgaste físico que primeiro se anunciou. Meu estado emocional e psicológico também foi impactado — tanto negativa quanto positivamente. Do lado negativo, a primeira consequência recaiu sobre as minhas notas, e, em um segundo momento, no sentimento que atinge a maioria dos atletas adolescentes: isolamento e solidão. Além de praticar um esporte individual, fui deixando de viver tudo aquilo que é comum experimentar nessa idade, como as saídas com os amigos, os passeios, as baladas, os namoricos...

Quando apareciam os passeios e as baladas, eu sempre tinha compromissos que exigiam de mim muita responsabilidade: eu precisava dormir e acordar cedo, tinha que poupar energia, cuidar da saúde, me alimentar bem, me recuperar de uma lesão e me preparar para as competições.

Falando agora sobre as consequências positivas — que logo no comecinho da carreira me encantaram —, eu era o centro das atenções e carinhos, o que é sempre muito bom. Por outro lado, o assédio era uma questão preocupante. Quando se é imatura como eu era (e como muitos atletas são), a vaidade pode afetar o desempenho esportivo e os relacionamentos. É o que acontece quando o esportista começa a se achar o tal e é tomado por uma arrogância que o torna cego e surdo para tudo e todos. Com o tempo, por achar que só ele se basta, esse atleta deixa de perseguir seu próprio aperfeiçoamento.

Acho importante tocar nesse ponto porque a notoriedade e o assédio são muito recorrentes e vão aumentando à proporção que o atleta ganha visibilidade. Devo dizer que aconteceu comigo assim que ganhei as primeiras medalhas em campeonatos e jogos importantes: passei a ser tratada como uma heroína.

Se de um lado, então, tudo é festa, de outro há solidão; uma hora você é o centro das atenções, todo mundo quer tirar foto com você e estar perto, mas de repente você se vê sozinho no quarto de um hotel, longe da família, com saudade dos amigos, cheio de dor e não pode fazer nada além de resignar-se. Precisa estar confinado para se concentrar, para descansar, para estar pronto para competir. São muitos os vaivéns para você administrar, e eles são mais impactantes quando falta maturidade e serenidade. Eu diria que essas são algumas das pegadinhas da vida esportiva.

No meu caso, em muitos momentos eu confesso que fui tomada pela soberba, principalmente durante a adolescência. Isso acontecia porque eu de repente percebi que tinha títulos de gente grande, ganhava prêmios em dinheiro, era famosa na minha cidade e no país, ajudava meus pais financeiramente, recebia convites para estudar nas melhores escolas americanas e, além disso, tinha o corpo sarado. Eu dizia para mim mesma: "Como você é importante, Rebeca!". Eu tinha conseguido, ainda muito jovem, o que muitos adultos gostariam de conquistar ao longo da vida: fama e dinheiro. Só que a realidade é mais complexa, e nem sempre a gente está realmente ganhando quanto imagina.

No desempenho escolar, por exemplo, eu estava perdendo. É por isso que eu aproveito este livro para agradecer quem muito me ajudou na época. Só consegui acompanhar as matérias do colégio porque tive ajuda de colegas e, principalmente, de professores. Cursei o ensino fundamental nos colégios Objetivo, Mauricio Salles de Mello e CEUB, sendo que no último recebi muita força para recuperar o conteúdo que perdia por causa das competições. E olha que não foram poucas as minhas faltas.

Mesmo com todo esse apoio, minha performance nos estudos foi bem diferente dos resultados alcançados pelas minhas irmãs. Enquanto elas tinham foco, eu me dispersei. Os treinos exigiam muito, e eu não conseguia me dedicar a todas as tarefas, ainda mais quando mudei para o Colégio Garança, puxadíssimo por ser preparatório para o Colégio Militar. Inclusive, cheguei a parar de nadar e praticar atividade física, no período que frequentei o Garança por um semestre. A Jéssica e eu havíamos mudado de escola justamente visando ao ingresso no Colégio Militar, famoso por preparar os alunos para o concorrido vestibular da Universidade de Brasília, a UnB.

Cada uma lá em casa acabou indo estudar em uma instituição diferente, o que, na minha opinião, é uma demonstração do respeito que nossos pais tiveram com nossas individualidades, necessidades e performances. A Aline ficou no Colégio Militar e depois foi fazer faculdade de Química na UnB. A Jéssica conclui o ensino fundamental no Mauricio Salles de Mello, fez ensino médio no CEUB e depois cursou Engenharia da Computação no UniCEUB, o centro universitário da instituição. E eu fui para o CEUB, onde fiz o ensino fundamental e médio e, posteriormente, cursei Educação Física no UniCEUB. O CEUB foi sem dúvida a instituição de ensino mais importante da minha vida. Tive bolsa do quinto ano até meu último dia de faculdade. Cresci lá dentro como atleta e como pessoa, e eles estiveram ao meu lado no período mais difícil da minha vida. Em nenhum momento tiraram minha bolsa. Inclusive, recebi apoio quando precisei trancar, devido às competições, a primeira graduação que cursei, Fisioterapia, que, embora não a tenha concluído, foi importante para ajudar a me decidir por outra área.

A verdade é que, em todos os níveis escolares, fui abraçada pela generosidade de profissionais que assumiram seu compromisso com a educação e fizeram muito por mim. E eu precisava disso, porque fazer parte da Seleção Feminina de Natação me obrigava a viajar bastante. Cheguei a passar dois meses fora de casa. Quando eu voltava, era aquela correria para recuperar o conteúdo das matérias dadas. Vários professores se ofereciam para me dar aula particular gratuita aos sábados, isso quando não mandavam livros e apostilas para eu estudar. Todos foram grandes mestres, na melhor acepção da palavra. Hoje o que me entristece um pouco é ver fechada a escola básica na qual passei a metade da minha vida, porque ela foi única.

Se mencionei a importância dos professores nessa trajetória, eu não poderia prosseguir sem chamar a atenção para um problema que, na minha opinião, é sério a ponto de afetar o futuro do Brasil. Refiro-me à recente desvalorização dos profissionais da educação. Digo "recente" porque, lá nos anos 1950/1960, na época da infância da minha mãe, que depois se tornou professora, esses profissionais eram tratados com mais respeito. Não vou falar aqui das dificuldades pelas quais os professores passam, mas ter acompanhado de perto a trajetória profissional da minha mãe me fez ficar esperta para muita coisa que precisa mudar. No que depender de mim, ainda vamos brigar bastante por essa mudança.

Por que estou falando desse assunto? Primeiro porque sou grata aos meus professores, como ressaltei; segundo, porque todos os meus técnicos foram, no fundo, mestres que tiveram papéis importantíssimos na minha formação; por fim, eu mesma estou hoje seguindo esse caminho, já que a atividade de personal trainer tem muito dessa relação de transmissão de aprendizado. Claro que é um aprendizado físico, mais corporal e menos intelectual, mas não deixa de refletir nos estados emocional e psicológico dos alunos, com consequências imediatas sobre a vida deles.

Para finalizar a reflexão sobre a imensa importância dos professores nas nossas vidas, vou citar um deles, que conheci quando era uma menininha. Ele teve a exata percepção para descobrir minha vocação e me incentivar desde cedo. Não me lembro do seu nome completo — nós o chamávamos de tio Jacaré —, mas sei que dava aulas de Educação Física no Colégio Objetivo Júnior, onde concluí o ensino fundamental. Digamos que ele foi o primeiro "técnico" que reconheceu e incentivou o meu potencial esportivo. Eu deveria ter uns sete anos e estava correndo na pista de atletismo quando ele me chamou:

— Você leva jeito para a vida de atleta. Que tal ser corredora?

Ok, vamos combinar que ele não acertou na mosca, mas intuiu bem. Quando a gente é criança, não pensa direito no significado de certas palavras, mas a maneira como o tio Jacaré me incentivava nas aulas falava mais alto. Somada ao exemplo do meu pai, essa atitude, de alguma maneira, ficou ecoando dentro de mim até aquele meu despertar, o estalo que tive para a vida esportiva aos onze anos de idade. O fato é que, sem me dar conta, a ideia de me tornar uma atleta profissional já fazia parte da minha vida havia tempo, só estava esperando a hora de eclodir. E por acaso veio à tona justamente quando eu acompanhava meu pai em mais uma de suas competições.

Como observei, minha carreira de nadadora evoluiu muito rapidamente. Em pouquíssimo tempo eu já estava na Seleção Brasileira e fazia parte da equipe do Vasco da Gama, por sinal uma das melhores épocas da minha vida. Naquele ano os grandes clubes do Rio estavam montando equipes com os melhores atletas de todas as modalidades e traziam, inclusive, atletas estrangeiros. Eu me lembro de que, em uma dessas competições, a nadadora holandesa Inge de Bruijn bateu o recorde mundial e levou a arquibancada à loucura. Havia uma competição ferrenha entre os clubes Vasco e Flamengo, disputada ponto a ponto. Na época o Fernando Scherer, o Xuxa, nadava pelo Flamengo, e o Gustavo Borges, pelo Vasco. Os campeonatos só se definiam na última prova. Era muito emocionante.

Eu era da categoria juvenil, que inclui os nadadores de catorze e quinze anos, e nadava o absoluto, que agrega todas as idades. Em Brasília, éramos uma equipe de oito no absoluto e três na categoria que representava o Vasco. Hugo era o treinador responsável pela equipe. Quando chegávamos ao Rio, nos finais de semana, ficávamos no Hotel Califórnia, em Copacabana, de frente para a praia. À noite, íamos para a areia com um violão e ficávamos cantando, improvisando luaus. Era o único momento de lazer do qual podíamos desfrutar.

Meu comprometimento com a carreira de atleta crescia à medida que eu me tornava mais conhecida. E, como tudo acontecia rapidamente, apesar da minha pouca idade, acabei dando adeus às possibilidades de namorar, como faziam minhas amigas que não eram do esporte. E isso criava um vazio na minha vida social. Ainda que eu fosse muito alta e grande, encorpada mesmo, com o físico bem delineado e sem nenhuma gordura no corpo, dona de pernas grossas, que chamavam a atenção, não adiantava receber elogios e olhares: meu namoro era com a natação.

Não vou negar que, para minha alegria, eram os garotos mais velhos que me paqueravam, pois os mais novos estavam convencidos de que não teriam chance comigo. E dificilmente teriam mesmo, porque eu sempre gostei dos mais maduros. Mas também estes não tiveram espaço, porque eu só ficava nos olhares. Como falei, meu namoro era com a piscina. Até os dezoito anos, minha vida sentimental se resumia a flertes sem compromisso.

Meus interesses contrastavam com os de uma adolescente comum, porque o que eu queria era viajar para competir, ganhar medalhas, bater recordes. Às vezes eu ficava no meu quarto olhando para o teto, imaginando como poderia ser minha vida se eu ganhasse uma medalha olímpica, o que poderia proporcionar para minha família, talvez comprar uma casa para minha avó, para meus pais. Quem sabe ajudar alguns orfanatos e casas de idosos... Aqueles pensamentos me faziam lembrar de que, para tudo isso, eu tinha que ser a Rebeca mulher e deixar a Rebeca menina para trás. Sofri muita pressão, externa e interna, esta provinda de mim mesma, para amadurecer logo.

Com minha mãe ao meu lado, a dura rotina de atleta ficava muito mais fácil

Sou da geração 1983/1984, que até hoje é considerada a mais forte da natação brasileira, com nomes que escreveram a nova história da modalidade. Muitos desses atletas, como o Xuxa e o Gustavo Borges, já faziam parte da minha rotina, pois eu convivia com eles nos treinos e nas competições. Tive o prazer de estar pela primeira vez na mesma delegação que eles nos Jogos Pan-Americanos de 1999, em Winnipeg. Lá, entre as modalidades que representaram o Brasil, a natação foi a revelação do esporte nacional.

No masculino, foram conquistadas naquele evento sete medalhas de ouro individuais: Xuxa (50m livre e 100m livre), Gustavo Borges (200m livre), Luiz Lima (400m livre) e Leonardo Costa (200m costas). Por equipe, nos revezamentos de 4x100m livre (Xuxa, César Quintaes, André Cordeiro e Gustavo Borges) e de 4x100m medley (Alexandre Massura, Marcelo Tomazini, Xuxa e Gustavo Borges).

De prata foram mais três: individuais por Luiz Lima (1.500m livre) e Alexandre Massura (100m livre costas) e por equipe, no revezamento 4x200m livre (Leonardo Costa, Rodrigo Castro, André Cordeiro e Gustavo Borges). E de bronze mais duas individuais: Gustavo Borges (100m livre) e Leonardo Costa (200m livre). Em duas provas, as de 100m e 200m livre, tivemos, portanto, dois brasileiros ocupando o mesmo pódio, em primeiro e terceiro lugares.

Na competição feminina, na prova de nado 4x100m livre, foi a minha vez de cair na água com a Flávia Delaroli, a Juliana Machado e a Tatiana Lemos. Ganhamos a medalha de bronze. Outras duas medalhas de bronze foram conquistadas pela equipe formada pela Monique Ferreira, Nayara Ribeiro, Tatiana Lemos e Ana Muniz (4x200m livre) e pela Fabíola Molina, Tanya Schuh, Patrícia Comini e Tatiana Lemos (4x100m medley).

Cada vitória que conquistei a partir daí passou a ser seguida por treinos cada vez mais intensos, que me causavam dores físicas constantes e muita pressão psicológica. Eu precisava ter mais responsabilidade, cumprir horários à risca, aproveitar os treinos ao máximo, fortalecer minha musculatura fazendo todas as séries prescritas de ginástica e da musculação. Tinha que me alimentar muito bem, dormir direito. Se eu pensava em desistir? O tempo todo!

Ainda que os instantes de glória fossem mágicos, várias vezes me peguei questionando o que eu fazia na piscina às quatro da manhã, naquele frio e naquela água gelada, já que o aquecedor sempre quebrava no inverno. Eu repetia para mim mesma: "Meu Deus, por que não escolhi um esporte quentinho e seco?". Eu queria minha cama, meu cobertor, uma vida normal!

Só que na mesma hora vinha à minha mente outro tipo de pensamento. E era algo como: "Você sempre quis o diferente. Por que agora iria escolher o caminho normal?". Então, eu olhava para a lua, que era a testemunha dos meus treinos, e achava que ela compunha um cenário bonito para uma pessoa fazer o seu trabalho. Também passei a observar que, enquanto eu nadava, o dia amanhecia, os pássaros começavam a cantar. O fato é que o desespero ia embora e eu seguia em frente.

Várias vezes aconteceu de eu estar acordando na hora em que minha irmã mais velha voltava de uma balada. Em várias dessas ocasiões, tivemos diálogos semelhantes a este:

— Não sei como você aguenta essa vida noturna — falei, provocando.

— Mas eu estou indo para a minha cama quentinha. Não sei como é que você aguenta entrar na piscina gelada a esta hora. Que coragem é essa? — ela retrucou.

Não vou negar que fiquei pensando naquela pergunta, porque a gente tem mesmo que ter muita convicção de que ama o que faz para seguir em frente em meio a tantos sacrifícios. Mas por que ela disse "coragem"? Coragem para quê? Por quem? Seria esse, afinal, o sentimento que me fazia seguir em frente?

A resposta veio em um dia de muitas dores e choro em que olhei ao meu redor e vi tudo de um jeito diferente. E então eu compreendi: mais do que coragem, era de humildade que nós estávamos tratando o tempo todo. Por que humildade? Porque todos os dias nós testávamos os nossos limites como seres humanos.

Ainda que um atleta às vezes pareça e se ache um deus, a verdade é que ele é um ser humano testando a condição e os limites de ser humano. Não há mesmo outro jeito de persistir se não tivermos a humildade de reconhecer que ainda dá para melhorar, que é preciso insistir dia após dia. Ser atleta, portanto, não envolve só talento, disciplina e força de vontade; é preciso ter coragem. E muita humildade.

Percebo que há aí uma grande contradição, porque, ao mesmo tempo em que a condição de atleta profissional consagrado proporciona certo glamour, por outro lado, quando tudo é apenas treino, algo que ocupa a maior parte de nossas vidas, nós estamos sozinhos. Ainda mais em um esporte individual como a natação, em que o atleta é responsável pelo seu próprio desempenho, já que não faz parte de uma equipe.

E então você se vê naquela piscina enorme, sozinha, treinando nos dias 24 e 25 de dezembro, 1º de janeiro, ou em qualquer outro feriado ou data em que a maioria das pessoas está comemorando ou descansando. Menos você e o seu treinador. Os dois sempre estarão ali, como nos outros dias. E não será nada raro se, de repente, para encobrir o silêncio, o seu treinador começar a dizer coisas como: "Todos os dias eu chego aqui com a intenção de formar um campeão, um recordista, só que nem todo dia o atleta quer ser o melhor ou aguentar ser o melhor".

— Hoje é você, Rebeca, que não quer ser a melhor? Que não quer ganhar? Que não quer ser campeã?

Hugo Lobo Filho, meu técnico, de quem já falei aqui e a quem considero um dos melhores, sempre foi muito duro e objetivo, embora se considerasse — e se considere ainda hoje — apenas "temperado". Ele nunca negou que nos fazia sentir dor e chorar de propósito, que nos levava a extremos de desconforto físico e psicológico porque assim, quando entrássemos no campo de batalha, que é dentro da piscina, estaríamos preparados para qualquer tipo de situação.

Quem treinava com ele sempre aguentava o tranco porque sabia que o Hugo estava tentando nos fazer conhecer nossos limites, para então poder superá-los. Vou confessar que não foram poucas as vezes em que levei bronca dele e quis responder à altura, mas tive de me segurar. Aos poucos a gente acaba compreendendo que o técnico não pode ser cem por cento bonzinho; o atleta talentoso precisa de alguém que o faça colocar os pés no chão, até para não se achar o rei do pedaço.

Por outro lado, essa é uma relação que precisa ser construída entre os dois. Não é porque alguém treina com o melhor treinador do mundo que vai necessariamente ser o melhor atleta; a matemática não é essa. Eu me dei bem com o Hugo, embora no quesito psicologia algumas vezes tenha sentido que ele deixou a desejar, mas, pensando bem, se ele tivesse me pegado no colo nas vezes que precisei, considerando a minha personalidade, não teria funcionado. Ele não passava a mão na minha cabeça, mas também não me deixava de lado. Precisei entender que eu tinha que passar por tudo aquilo para me tornar uma grande atleta.

É óbvio que hoje parece ter sido uma relação linda, maravilhosa, sem atritos. Mas a verdade é que às vezes eu ficava irritada e não fazia o que ele mandava. Por exemplo, ele me pedia uma série de costas e eu nadava peito. É claro que ele percebia minha intenção. Em muitas ocasiões, o Hugo recuou, porque percebeu que eu estava mal. Outras vezes avançou sem trégua. Pior era quando eu estava muito cansada e minha cabeça até entendia, mas ia para um lado e meu corpo para outro, sem obedecer. Ele desconfiava que era de propósito e partia para o ataque.

— Atenção, atenção. Eu só vou treinar quem quiser ganhar. Comigo não vai funcionar aquela frase do Barão de Coubertin que todo mundo repete por aí. Aqui o importante é ganhar e não competir!

Não dá para negar que a vida sacrificada e as frustrações recorrentes produziram em mim estados agressivos, além de muita solidão. Diante de tanta pressão, geralmente algo incompatível com a condição de adolescente em formação, minha natureza contestadora se amplificou. A vida toda eu sempre quis saber o porquê das coisas, por isso, às vezes, por não entender o que meu treinador queria, ou até por não concordar com ele, eu me tornava rebelde. Hoje reconheço que esse tipo de atitude não é recomendável, porque gera um inútil desperdício de energia e pode levar a conflitos com técnicos, outros atletas e até com os dirigentes dos clubes e dos comitês esportivos. Mas como conseguir se controlar quando se misturam a imaturidade, a dor, o desgaste e a emoção?

O Hugo até hoje se justifica repetindo que nada se compara à vitória, que subir ao pódio é fascinante e causa uma modificação interna importante na personalidade dos atletas, que essa deve ser a nossa meta sempre. Até vivermos a experiência de ganhar uma competição de destaque, de subir ao pódio e sentir o mundo vibrando com a nossa conquista, esse é o tipo de observação em que acreditamos, mas, diante de tantos sacrifícios exigidos, não há como não se rebelar, nem que seja por um dia.

Mas aí chega aquele dia em que você consegue, enfim, viver a vitória de verdade e tudo passa a ser diferente. Você começa a dar razão ao seu técnico e a aceitar melhor o jeito insensível que por acaso ele tenha.

O único problema é que, nos dias posteriores às provas, tudo recomeça. Sacrifícios, dor, revolta, mais dor, resignação, nova vitória. Se você ganhou, vai precisar treinar mais e melhorar a performance para a próxima vez. Se não ganhou, vai precisar treinar mais para conseguir chegar lá. Essa é a vida de um atleta de alta performance; não tem escapatória.

ESTRATÉGIAS DE **SOBREVIVÊNCIA**

A pressão que todo atleta profissional sofre é tão intensa que cada um reage de um jeito. Muitos desistem, outros brigam, alguns ficam doentes ou se machucam inconscientemente. São todas, afinal, estratégias de sobrevivência.

Eu, por exemplo, durante os treinos mais monótonos, procurava mudar meus pensamentos durante as braçadas, por mais que tudo acabasse se repetindo, variando apenas uma série ou outra. Era o jeito que eu encontrava de não cair em depressão por causa da mesmice. Se eu estivesse mais espirituosa naquele dia, ficava pensando na vida; se estivesse mais voluntariosa, eu repassava uma matéria da aula, tentava me lembrar do que o professor tinha dito ou escrito no quadro, e podia até mesmo buscar soluções para eventuais problemas. Só mesmo nos treinos mais pesados, de tiro, não dava para ficar divagando.

Nas competições, era a voz do Hugo que ficava ecoando no meu cérebro. Eu pensava em fazer a prova perfeita, procurava me lembrar de suas dicas, me propunha a fazer meu melhor tempo; em outras palavras, tentava me focar no momento, com consciência de que estava ali para alcançar um resultado. Muitas vezes esses resultados são extremamente importantes para nossas carreiras, porque a classificação para ir aos Jogos Pan-Americanos e às Olimpíadas, por exemplo, depende de centésimos de segundo.

É daí que vem uma frase que gosto de repetir: "Na minha trajetória de nadadora, o grande adversário sempre foi o tempo". É claro que enfrentei concorrentes fortíssimas a vida toda, mas eu sabia que os centésimos de segundo iam garantir meu sucesso ou meu fracasso no esporte. Deles dependeria um convite para treinar em outro país, por exemplo.

Com a voz do treinador na cabeça, minha reação não era das melhores quando eu não conseguia treinar por causa das dores causadas pelo próprio treinamento. E então eu sofria e chorava. Não chorava só pela dor, mas, sobretudo, pela pressão de pensar que um dia parada, sem treinar, significava estar um dia atrás das minhas adversárias. A pressão competitiva é tão forte que a voz do treinador definitivamente se instala dentro da nossa cabeça e lá fica dando ordens.

De tanto eu viver essa realidade e de tanto me cobrar, dei um passo além nesse processo e criei um treinador fictício que só eu via e com quem chegava a conversar em voz alta. Eu o trazia para a realidade e ele ficava vinte e quatro horas ao meu lado, me orientando. Quem chegou a me ver falando com ele deve ter estranhado. Uma de suas maiores lições

Copa do Mundo da Natação: mais uma medalha para o baú de conquistas

Momento único: a realização do sonho de competir nas Olimpíadas

era dizer que a minha vontade de respirar tinha de ser tão forte quanto a vontade de vencer.

Tamanha era a pressão a qual o atleta de alta performance se submete que, quando eu não alcançava um resultado esperado, não tinha treinador fictício ou real que me segurasse. Eu ficava com muita raiva, chegava a precisar ficar pelo menos três horas sozinha. Se eu chegasse em casa quieta e me trancasse no meu quarto, todos já sabiam que não deveriam falar comigo.

Já rasguei touca, quebrei óculos de natação, dei soco na parece, gritei. Não foram poucas as ocasiões em que fiquei bastante injuriada e só me perguntava: "Para quê? Para que tanto sacrifício?". E aí o eco de uma fala da minha mãe sempre se fazia presente:

— Minha filha, será que vale mesmo a pena 364 dias de sofrimento e sacrifícios para 25 segundos de glória?

— Não é a gloria que vale, mãe. O que importa é o caminho percorrido até ela! — eu sempre respondia, mesmo que mentalmente.

APRENDENDO **A PERDER**

Os momentos de glória de um atleta são fáceis de imaginar, até porque costumam ser exibidos na televisão. Mas aqueles em que nós somos só dúvida e fracasso nem sempre são vistos ou presenciados. Existem dias em que a água da piscina simplesmente não nos acolhe, dias em que estamos inseguros, perdidos, com medo. Confesso que senti medo quando fui para Coral Springs, nos Estados Unidos, em 2005.

Quatro anos antes, eu já havia recebido um convite para treinar lá, depois de ter participado do Campeonato Sul-Americano, na Argentina. O convite tinha vindo do técnico alemão Michael Lohberg, hoje falecido, que estava radicado nos Estados Unidos e era então técnico do Xuxa, da Fabíola Molina e da Flávia Delaroli. Eu me lembro de que, na ocasião, o Rogério Romero, um dos maiores nadadores do Brasil, me chamou:

— O Michael pediu para falar com você. Ele nunca fez isso com ninguém, chamar uma atleta para treinar com ele, mas ele está interessado no seu potencial.

Michael Lohberg era famoso por ter treinado campeões olímpicos do mundo todo. Eu então conversei com meu pai e nós decidimos passar as férias seguintes na Flórida, para conhecer o tipo de treino que ele dava.

Mesmo sem ganhar medalha, participar dos Jogos Olímpicos já é uma vitória

Conheci também a escola que eu teria de frequentar, porque essa era uma das condições para ficar lá. Depois de observar tudo, porém, falei para o meu pai:

— Não estou preparada para ficar aqui sozinha, pai.

— Tudo bem, minha filha. Quem sabe em outra oportunidade — ele respondeu, com a maior tranquilidade.

Aos dezenove anos, no entanto, tudo deveria ser bem diferente em relação à oportunidade de treinar em Coral Springs, a contar da experiência que eu já tinha na minha bagagem esportiva, na qual constavam duas medalhas pan-americanas de bronze, conquistadas nos jogos de Winnipeg e Santo Domingo. As duas resultaram do terceiro lugar no revezamento 4x100m, e neste último eu dividi a prova com a Flávia Delaroli, a Monique Ferreira e a Tatiana Lemos, enquanto na de Winnipeg a equipe só se alterou porque a Juliana Machado estava no lugar da Monique Ferreira.

Eu também já tinha estado em uma Olimpíada, a de Atenas, em 2004, lembrança que registrei para sempre em meu braço, na forma de uma tatuagem, a primeira que fiz e que traz gravado o nome do evento e as argolas olímpicas. Foi lá onde eu havia recebido, um ano antes, o convite para treinar nos Estados Unidos. Na verdade, entre as propostas, eu me interessei mais pela Universidade da Geórgia, que é a maior escola de nadadoras velocistas do mundo. Contudo, antes eu precisaria entrar nessa universidade, o que demandaria estudar inglês e fazer um teste de conhecimentos gerais e específicos, um tipo de vestibular.

Ficar em Coral Springs durante a minha preparação foi a opção, mas, quando fui conversar com o técnico Michael Lohberg, ele estava arredio a esportistas brasileiros, porque dizia que "davam trabalho". No fim, ele acabou me aceitando. A ideia era passar cinco anos nos Estados Unidos, e apenas os seis meses iniciais na Flórida. Nesse estado, eu acabei me instalando no mesmo apartamento em que estavam outros nadadores brasileiros: Thiago Pereira e Nayara Ribeiro no início, e depois Xuxa e Marcelo Tomazini. Havia um rodízio de nadadores brasileiros por lá.

Não demorou muito para eu descobrir que a vida na América não ia ser nada fácil. Além dos estudos para os quais eu deveria me dedicar para conseguir ingressar na universidade, treina-se muito mais lá do que no Brasil. Nós treinávamos de manhã, depois fazíamos a parte física também de manhã, e continuávamos treinando o resto do dia, de segunda a sábado. A folga ia da tarde de sábado ao fim do domingo.

Meu pai ficou comigo lá por dois meses. Quando chegou o dia de ele voltar ao Brasil, fui tomada por uma solidão tão intensa que nossa cena de despedida ficou para sempre marcada na minha memória. Eu nunca tinha visto meu pai chorar tanto. As lágrimas tomaram conta dele na hora em que me abraçou. Meu pai contou que estava revivendo uma cena de outros tempos:

— Estou me lembrando de quando abracei meu pai antes de ir para o Exército, aos dezoito anos. Depois disso, não voltei mais para casa.

Não dá para saber direito o que exatamente me pegou: se a pressão desumana dos treinos, se a dificuldade de estar em outro país, se a saudade da família, se os desequilíbrios hormonais que eu sempre tivera e se intensificaram... Só sei que minha temporada nos Estados Unidos foi de muitas lágrimas. Nos sábados à tarde eu ia até o campo de futebol do condomínio e lá ficava chorando. Talvez eu estivesse sofrendo de algum problema psicológico mais significativo que não havia sido tratado, e então a partir daí as coisas foram só piorando.

O Michael tinha um auxiliar técnico italiano, chamado Andrea DiNino, responsável por ficar ali conosco no dia a dia dos treinos. Ele acabou por nos fazer uma proposta interessante: treinar na Itália a partir do final daquele ano, quando ele voltaria para seu país. Xuxa tinha sido convidado e me falou que estava interessado. Eu topei na hora, porque me identificava mais com o Andrea do que com o Michael, talvez pelo fato de a cultura italiana ser mais próxima da brasileira. A partir dali, no entanto, armou-se uma verdadeira batalha entre o Michael e o Andrea. E essa disputa acabou me abalando.

De um lado, o Andrea dizia:

— Quando você for treinar comigo, vai ser campeã pan-americana.

Do outro, o Michael argumentava:

— Se você ficar aqui comigo, vai ser campeã olímpica.

Eu estava naquele vaivém quando chegou a hora de fazer a prova para entrar na Universidade da Geórgia. Sem saber o que eu queria e o que seria melhor para mim, eu me perguntava se era aquilo mesmo que eu esperava. Eu olhava para a prova... As questões lá são respondidas por tempo, tantos minutos para cada pergunta. Eu estava virando as páginas quando percebi que havia deixado uma lá no início sem responder. E não dava para voltar, porque eu tinha reservado a redação para o final. Resultado: não passei. O técnico da Geórgia, com quem eu tinha me comprometido, ficou decepcionado, mas me disse para tentar na próxima. Quem ficou feliz foi o Michael, porque isso significava que a Geórgia estava fora das minhas opções.

Decidi protelar a resposta para o Michael e para o Andrea participando do Campeonato Mundial de Natação do Canadá, mas machuquei o joelho dias antes de embarcar. Na época, eu também estava com displasia mamária por conta dos desequilíbrios hormonais e dos ovários policísticos, o que causava dores, por isso tinha ido ao médico, que me receitou um medicamento. Eu estava, portanto, com receitas de dois medicamentos para as dores que estava sentindo, mas ainda não tinha tomado nenhum.

Como um atleta está sempre sujeito a muitas regras, principalmente no que se refere à ingestão de medicamentos, perguntei ao Michael se poderia tomá-los, e ele disse para eu perguntar à Confederação Brasileira de Natação. Telefonei para o meu pai, que me informou que tanto os médicos da Confederação quanto os do Comitê Olímpico Brasileiro já estavam no Canadá. Mas ele iria consultá-los por telefone. Recebi, então, a confirmação do meu pai, que teria falado com um dos médicos, e este respondeu que sim, eu poderia tomar os medicamentos prescritos.

Confirmada a autorização, fui abrir o frasco e não consegui. Os medicamentos americanos possuem tampas de proteção que são difíceis de desenroscar, então fui até o Michael pedir que ele abrisse para mim. Quando entreguei o frasco na sua mão, ele me disse:

— Fala para mim que você não tomou este remédio.

— Não tomei. Não consegui abrir.

— Quem autorizou você a tomar isto? — ele perguntou, alterado.

— Foi o médico da Confederação.

O Michael jogou o frasco no chão com força, deu um soco na cadeira e gritou comigo:

— É por isso que acontece o que acontece com vocês, brasileiros. Tem um bando de irresponsáveis no comando das instituições! Este remédio tem uma substância que é considerada doping. — ele respondeu.

Insisti que não tinha tomado, mas o Michael exigiu uma reunião com o presidente da Confederação Brasileira de Natação, para que eu dissesse na frente dele quem tinha autorizado o uso daquela substância.

Quando cheguei ao Canadá, chamei a médica da Confederação e mostrei o medicamento. Ela falou a mesma coisa que o Michael já tinha dito:

— Diz para mim que você não tomou este medicamento.

— Não, não tomei.

A médica pediu na sequência uma reunião da comissão médica, e essa comissão preparou um documento para que eu assinasse. O papel dizia que eu me responsabilizava pela medicação, pois o remédio para a displasia continha um diurético proibido. Eu respondi que não ia assinar.

— Como vou assinar se não é responsabilidade minha?! — perguntei.

Acabei assinando o documento, embora a médica tivesse me orientado a não fazê-lo, porque me ameaçaram dizendo que eu ia perder o patrocínio. Eu tinha dezenove anos, estava em outro país, tinha de me virar em outro idioma, estava com aquela dúvida atroz sobre ir para a Itália ou ficar nos Estados Unidos, e de repente tinha de viver mais aquela pressão. Sem orientação, me senti completamente perdida e sozinha.

Ainda no Canadá, para participar do Campeonato Mundial de Natação para o qual eu tinha viajado, tive de me submeter a um exame que, afinal, me dispensou da competição por causa do joelho machucado. Voltei para os Estados Unidos e fui falar com o Michael.

— Vamos fazer o seguinte: estou vendo que você está no meio de um turbilhão de acontecimentos e de emoções. Você foi uma menina que chegou verde aqui e agora já tem vários títulos. Você vai ter tempo para amadurecer e conquistar mais, mas só vai ter resultados se estiver feliz. De nada vai adiantar fazer os melhores tempos se você não estiver feliz.

— Michael, eu decidi ir para a Itália com o Andrea — respondi.

Ele me abraçou forte, olhou fundo nos meus olhos e disse que ia sentir muito a minha falta. Saí dali e fui na mesma hora falar com o Andrea, dizendo que iria para a Itália com ele, mas só no final do ano.

— Agora eu preciso ir para o Brasil. Preciso falar com o meu patrocinador, cuja presidente é italiana. Acredito que ela vai gostar da ideia. Quero ver minha família também e fazer uma série de exames, cuidar do joelho, porque lá eu tenho plano de saúde.

— Tudo bem. Eu espero você na Itália. Em que mês você vai chegar lá?

— Entre outubro e novembro.

No Brasil, precisei tratar do joelho direito, mas logo o esquerdo também se afetou, uma vez que eu jogava todo o meu peso sobre ele. E não era pouco peso. Foi um tratamento relativamente longo, e eu ria quando me lembrava do Michael falando ao me ver caminhar:

— Você não foi feita para andar. Você nasceu para ficar na água!

Assim que me senti melhor, procurei o Hugo e comecei a treinar com ele de novo. Um atleta de alto rendimento não consegue e nem deve ficar muito tempo parado. Fui então me sentindo cada vez melhor e confiante. Só que o Andrea estava me esperando lá na Itália. Às vésperas da viagem, comecei com aquele refrão: "Não quero ir, não quero ir, estou perto da minha mãe, da minha família, estou recuperando minhas marcas, os treinos estão como antes. Não quero ir, não quero ir". E não fui.

Voltei a treinar no clube da Associação Atlética do Banco do Brasil. Em pouco tempo, estava de novo treinando com o meu antigo técnico, Hugo.

— Você sabe quem é o presidente do Brasil? E o dos Estados Unidos?

— Claro que sei.

— E quem são os vice-presidentes? Quem é o vice-governador? E o vice-prefeito?

— Não sei — respondi. Alguns nomes eu sabia, mas não quis esticar o assunto.

— Se você perder o primeiro lugar e ficar em segundo ou terceiro, nunca vai ser lembrada. Só importa o nome do vencedor!

Ainda que eu entendesse perfeitamente os propósitos do meu treinador quando ele fazia essas colocações (afinal, nos convencer a seguir em frente era a função dele), nunca me esqueci de uma cena que marcou minha primeira derrota. Pressionada por aquele mundo de competitividade, aos doze anos, eu me lembro de que, terminada uma prova que perdi, comecei a chorar e fazer birra. Joguei meus óculos no chão, rasguei a touca e não queria falar com ninguém. Quando eu menos esperava, a menina que tinha vencido a prova veio na minha direção e me abraçou, falando:

— Você não precisa ficar provando o tempo todo que é a melhor. Você é a melhor e pronto. Eu sou sua fã, e hoje é o dia mais feliz da minha vida. Não por ver você assim, triste e brava, mas porque eu vou estar no pódio com um ídolo meu.

Aquela lição eu recebi sem pedir nem esperar, lá no comecinho da minha carreira esportiva. Todas as vezes em que, dali em diante, eu perdia uma prova, procurava me lembrar dela para tentar me controlar. Muitas vezes dava certo. Só não funcionava quando falava mais alto a convicção de que era preciso vencer e vencer.

Diante do que me aguardava nos anos seguintes, depois de sofrer e resistir muito, como vou contar adiante, eu acabaria descobrindo que não havia nada de ruim em passar a aceitar algumas perdas. Aliás, o que é mesmo perder?

3
TRAVESSIA
DA DOR

•••

“Digo: o real não está
na saída nem na chegada: ele se dispõe
para a gente é no meio da travessia.”

Guimarães Rosa

No início do ano de 2004, quando o nadador Jader Souza e eu treinávamos com Hugo Lobo Filho para obter o índice que iria nos classificar para as Olimpíadas de Atenas, fomos tema de um documentário. A produção conseguiu captar com muita fidelidade a nossa rotina de exaustão, superação e expectativas. Dirigido pela premiada jornalista Dorrit Harazim, o documentário foi batizado de "Travessia da dor" — o mesmo título que pego emprestado para nomear este capítulo em que falo do sentimento que tomou conta de mim entre 2006 e 2013, embora dores e lágrimas já fossem velhas conhecidas minhas.

A travessia que intitula o documentário se refere à nossa rotina de esforços para conseguir fazer parte das Olimpíadas, a competição internacional que motiva dez entre dez atletas de alto rendimento. Já a minha travessia pessoal tem a ver com a impotência, a desilusão, a revolta e a tristeza que senti a partir do dia em que fui acusada de doping, quando precisei passar por julgamentos em várias instâncias no Brasil e na Suíça, até meu afastamento definitivo das competições internacionais.

Para explicar melhor a violência com que esse processo me derrubou, é preciso apresentar como foram os meus dez anos como nadadora de alto rendimento, quando eu tinha uma rotina e um estilo de vida que repentinamente foram interrompidos. O impacto que sofri a partir dali só pode ser compreendido com exatidão quando se tem a dimensão do que sente o atleta que procura se classificar para uma Olimpíada.

Tive a oportunidade de viver essa preparação para a competição nos primeiros meses de 2004, quando, juntamente com Jader, éramos os nadadores do técnico Hugo mais próximos de conseguir o índice exigido. Os treinos eram superintensos, mas toda a dedicação valia a pena, afinal, eu participaria do evento esportivo mais importante do mundo. Porém, mais do que apenas participar, eu sempre quis conquistar medalhas olímpicas e bater recordes, vontade essa que nasceu no dia em que decidi ser nadadora, aos onze anos. Esse objetivo tornou-se uma obsessão em minha vida, que se estendeu por dez anos.

Sei que a palavra obsessão talvez pareça forte demais, mas ela traduz com exatidão o que acontece com um atleta à medida que é submetido à repetição diária necessária para competir e vencer, vencer e competir. Não que eu tenha sido vítima de ordens externas alheias à minha vontade. Eu quis estar nesse jogo. E os comandos que me motivavam a "competir e vencer" eram muito mais intensos e eficazes quando vinham de mim mesma, ou seja, quando a exigência era fruto da minha autocobrança, que se intensificava às vésperas das provas quando eu precisava atingir certas marcas. No documentário que citei, em determinado trecho, é meu próprio treinador quem comenta sobre isso:

— A Rebeca quer ir para as Olimpíadas mais do que tudo na vida. É uma ambição muito grande, é uma coisa que a impede até de respirar. O que vai fazer com que se sinta feliz é treinar bem, mas ela não está conseguindo treinar bem, porque não está dando mais de si. Por quê? Porque ela não está feliz, ela fica obcecada pela participação, obcecada pela marca, isso é mesmo algo muito importante para o atleta e para o treinador. Mas você ter um atleta nessas condições é ruim, porque você não consegue tirar dele o melhor.

Com isso, Hugo faz referência à minha obsessão, que, naquele momento, acabou por me desequilibrar, algo que, aliás, é bastante comum entre os atletas de alto rendimento. Esse sentimento é causado pela exaustão dos treinos e pela ansiedade excessiva fruto da pressão que sofremos. No meu caso, ao vislumbrar meu grande sonho tão perto, praticamente ao alcance das minhas mãos, fui tomada pelo medo de não alcançar o índice que me levaria às Olimpíadas de Atenas. E, assim, eu me enchi de bloqueios.

Às vezes, eu chorava, ficava emburrada ou não obedecia aos comandos do treinador. Hoje consigo perceber que esse comportamento era um tipo de autoboicote. Na minha cabeça, ecoava as opiniões de muitas pessoas, que me tachavam de maluca por querer atingir o difícil índice olímpico. Para elas, eu apenas respondia dizendo que essa classificação ninguém tiraria de mim.

No mesmo documentário, meu técnico comenta sobre essa difícil sintonia pela qual eu passava — opinião que acho importante compartilhar porque ajuda a compor o retrato da vida de um atleta. Ele descreveu com exatidão a situação que eu enfrentava:

> ***"— A Rebeca está passando por uma grande transformação. Eu percebo que é preciso muito cuidado, muita cautela com ela nessa fase, porque as vulnerabilidades são muitas. O atleta nessas condições fica suscetível a qualquer tipo de coisa. Eu falo que 'está bom', ela chora; se eu falo que o 'tempo está ruim', ela chora."***

Esse cenário de caos por ele descrito era real. Eu realmente me sentia sentada em uma encruzilhada, sem saber para que lado seguir. Nesses momentos, ele me encorajava:

— A pílula mágica que fará você conseguir está em você, Rebeca!

A quinze dias da prova decisiva, minha marca ainda estava dez centésimos acima do índice classificatório para os 50m livre, estilo que eu iria disputar. Jader estava vinte centésimos atrás do índice dele, o que dificultava ainda mais sua posição. Para ficar mais forte e conseguir ter um rendimento superior no momento do arranque da prova, eu ia à academia o tempo todo para levantar alteres. Eu queria levantar cada vez mais peso e, para isso, ia acrescentando dia a dia mais quilos aos exercícios. Mas todo aquele esforço terminava por me machucar. Por mais que eu tivesse a força de homem, meu organismo é feminino e não tem a estrutura do corpo masculino.

Logo eu sentia os efeitos do exagero: chegava em casa cheia de dores, exausta, sem conseguir me mover, ia direto para a cama. Porém, mesmo com tanta dor e em meio a sentimentos tão contraditórios, eu ficava feliz por ter superado mais um treino puxado.

...

Os 50m livre são disputados por velocistas, sendo considerada uma prova muito difícil, ainda que pareçam poucos metros para se nadar quando comparados aos 1.500m de outra modalidade. O motivo é justamente a velocidade que é preciso imprimir nessa disputa. O desafio começa logo no início, quando o nadador precisa disparar feito um tiro, o que exige muita força. Mas há outros segredos: se o competidor cai errado na água, já era; se der uma ou meia braçada errada, já era; se respirar errado, já era; se chegar errado, já era.

Nessa modalidade, todos os movimentos importam e são estratégicos. O nadador precisa ser perfeito, são centésimos de segundos que fazem a diferença. Por isso, o motivo de minha incessante autocobrança. Nos treinos, eu repetia exaustivamente cada fase, e quando não saía direito, ficava bastante irritada.

O dia da prova que, enfim, definiria nosso passaporte — do Jader e meu — para as Olimpíadas de Atenas aconteceu em maio, durante o Troféu Brasil, no Rio de Janeiro, quando cheguei bem à frente das outras adversárias, com uma diferença de um segundo. Depois de dez tentativas durante um ano inteiro, eu finalmente havia conseguido na décima e última chance. Foi uma alegria imensa. Jader não conseguiu se classificar individualmente, mas obteve sucesso com o revezamento 4x100m livre.

Hugo também tinha grande preocupação com o futuro de Jader na competição, pois ele viera do Amapá e não tinha uma estrutura econômica que lhe permitisse mudar de carreira caso não desse certo na natação. Eu me lembro de que ele costumava dizer algo como: "O Jader está jogando a vida dele nessa competição; ele pode ir do céu ao inferno num piscar de olhos, numa fração de segundos".

Felizmente, nós dois carimbamos nosso passaporte rumo a Atenas. Tomada pela alegria da classificação, fiz duas tatuagens: uma no ombro direito e outra no ombro esquerdo, ambas com símbolos olímpicos, marcando para sempre em minha pele essa fase mágica da minha vida esportiva.

O Brasil enviou para Atenas, em 2004, oito nadadoras, sua maior equipe de natação feminina de todos os tempos. Na verdade, foi um recorde da participação feminina brasileira em Olimpíadas. Estiveram lá Joanna Maranhão, Mariana Brochado, Monique Ferreira e Paula Baracho, que juntas nadaram o revezamento 4x200m livre e bateram o recorde sul-americano, com 8 minutos, 5 segundos e 29 centésimos na final. As atletas Flávia Delaroli, Renata Burgos, Tatiana Lemos e eu nadamos a prova do revezamento 4x100m livre e também batemos o recorde sul-americano, ao conquistarmos, na eliminatória, a marca de 3 minutos, 45 segundos e 38 centésimos.

Em Atenas, o destaque da campanha brasileira na natação feminina foi Joanna Maranhão, nos 200m medley, com o tempo de 2 minutos, 15 segundos e 43 centésimos na semifinal. Ela também obteve a melhor marca brasileira nos 400m medley, com 4 minutos e 40 segundos na final, conquistando quinto lugar nas Olimpíadas. Minha marca de 25 segundos e 17 centésimos para os 50m livre, obtida na última seletiva classificatória quando atingi o índice olímpico, em maio de 2004, foi igualada pela Flávia Delaroli em Atenas. Nós chegamos às finais dos 50m livre, 400m medley e 4x200m livre. Em breve, Flávia e eu nos revezaríamos nos pódios de várias competições, a ponto de nos compararem à versão feminina da antiga disputa brasileira Gustavo Borges versus Fernando Scherer, o Xuxa.

Quanto aos rapazes, para não deixá-los de lado em relação aos resultados olímpicos que alcançaram, também foram batidos importantes recordes sul-americanos em Atenas: Eduardo Fischer nos 100m peito, com 1 minuto, 1 segundo e 84 centésimos na eliminatória; Gabriel Mangabeira nos 100m borboleta, com 52 segundos e 33 centésimos na semifinal; e a equipe Rodrigo Castro, Bruno Bonfim, Carlos Jayme e Rafael Mosca no revezamento 4x200m livre, com 7 minutos 22 segundos e 70 centésimos na eliminatória. Eles foram para as finais nos 200m medley e nos 100m borboleta.

Boa parte da equipe feminina de natação era estreante em Olimpíadas, o que fez das nossas conquistas uma grande promessa de futuro. Das provas de que participei — os 50m livre e o revezamento 4x100m livre —, obtive a 11ª colocação em ambas as disputas. É bem verdade que esse resultado me deixou longe de conquistar uma medalha, mas aquela participação fez com que eu pudesse conhecer o alto padrão técnico das competidoras olímpicas, que é muito maior do que o de outras competições mundiais.

Eu confesso que estava acostumada com o nível técnico exigido nos Jogos Pan-Americanos, que não deixa de ser alto, e o dos Mundiais, ainda maior. Mas, para que fique clara a diferença entre as competições, países como o Canadá e os Estados Unidos enviam seus times B para os Pan-Americanos, ocasiões em que as competidoras já apresentam excelente desempenho. Imagine, então, a qualidade técnica e a capacidade dos times A, muito mais preparados e competitivos.

A Confederação Brasileira de Desportos Aquáticos, a CBDA, vibrou muito com os resultados alcançados pelas equipes de natação nas Olimpíadas de Atenas, reconhecendo nosso desempenho como uma prova de que o esporte estava crescendo no país, não mais dependendo apenas do resultado de nadadores individuais, como acontecia na época em que os nadadores Gustavo Borges, Xuxa e Rogério Romero competiam.

Mas, ao mesmo tempo em que a competição ajudou a identificar avanços no esporte, ficou claro também que muita coisa ainda precisaria ser melhorada, como, por exemplo, a relação de colaboração entre as nadadoras, que se mostrava bem distante daquela que existia entre os competidores da equipe masculina, bem mais unidos, independentemente de disputas individuais.

Na equipe feminina, a rivalidade ainda era muito forte. Não tínhamos um sentimento de coletividade e isso ficava evidente quando nos comparávamos às equipes de outros países, como a da Austrália, muito mais coesa. Esse espírito acabava se refletindo nos resultados finais. Nas Olimpíadas, ao decidirmos quem seria a primeira na prova de revezamento, já que ninguém queria começar, uma das minhas colegas de equipe comentou:

— Vai você, Rebeca, que é a única cavala para ir contra essas meninas.

Acredito realmente que a frase foi dita por impulso, sem a intenção de me magoar, mas o comentário revelou o quanto estávamos desorganizadas e, também, que não existia tanta parceria entre nós. É possível que, na época, a minha colega apenas queria dizer que eu era forte e poderia inibir as concorrentes, mas me senti desconfortável com a colocação.

A verdade é que nós, mulheres, somos mais sujeitas às variações hormonais e, consequentemente, a mudanças de humor, então ficamos mais suscetíveis. Não é fácil conseguir harmonizar tanta intensidade emocional. Mas acredito que hoje muita coisa já tenha melhorado dentro das equipes femininas de competição.

De volta ao Brasil, após as Olimpíadas de Atenas, aceitei um convite que eu havia recebido ainda na Grécia e decidi treinar nos Estados Unidos. Em Coral Springs, na Flórida, eu treinaria com Michael Lohberg e Andrea DiNino e conviveria com nadadores brasileiros e estrangeiros. Também enfrentaria novos desafios e mais dores, mas jamais imaginei que a mais devastadora delas ainda estaria por vir.

Até aquele momento da minha vida, perder era um verbo contra o qual eu lutava todos os dias. Eu simplesmente não o aceitava. Inclusive, para mim, seu significado era restrito às piscinas, estava sempre limitado à frustração de uma competição. Desconhecia outros sentidos da perda. Mas, como nosso percurso pela vida é feito de aprendizados e mudanças, eu logo descobriria outras facetas mais cruéis dessa mesma palavra. A partir daí, mergulhei fundo em um período de escuridão, que me obrigou a buscar todo o fôlego que tinha para conseguir emergir desse cenário devastador e me salvar.

UM SALTO PARA **A ESCURIDÃO**

Em 2006, parecia que a minha vida seguiria a minha rotina habitual de treinos, competições e preparação intensa, com a única diferença de que eu havia retomado os estudos. Novamente instalada em Brasília, depois de um ano nos Estados Unidos, decidi mudar meu curso de Fisioterapia para Educação Física, voltando a frequentar a UniCEUB regularmente, com exceção dos períodos em que precisava viajar por causa das competições. Mais uma vez, pude contar com o carinho e a solidariedade de professores e colegas, que me ajudavam a recuperar todo o conteúdo perdido devido às faltas. Levei mais tempo para me formar, mas consegui concluir o curso e me graduar.

Nessa época, as exigências físicas dos treinos estavam mais intensas, porque eu vinha amadurecendo muito como atleta, treinando cada vez mais e investindo pesado na musculação. Dessa vez, minhas atenções estavam concentradas nos Jogos Pan-Americanos do Rio de Janeiro, que iriam se realizar em julho de 2007. Mesmo com o foco nos treinos, consegui encontrar tempo para cuidar da minha vida pessoal e comecei a namorar, ao contrário dos anos que passei quase que exclusivamente dedicada ao esporte. Pouco tempo depois, já estaria de casamento marcado.

A minha determinação nos treinos se refletia nas piscinas. Fui medalhista sul-americana, quarta colocada no Pan-Pacífico em 2006, além de recordista sul-americana nos 50m e 100m livre e nos 50m peito. Entre cinco e nove de abril, participei do Campeonato Mundial de Piscina Curta da China, realizado em Pequim, quando passei por vários controles de doping, todos com resultados negativos.

Quando voltei da China, eu estava muito cansada e, por isso, tinha decidido tirar alguns dias para mim e não participar do Troféu José Finkel, que aconteceria em maio, já que a disputa não contaria pontos para o Pan-Rio. Mas o São Caetano, clube que defendia naquela temporada, pediu para que eu participasse.

Não seria a primeira vez que eu integraria essa competição, que é considerada uma das duas mais importantes do Brasil. Nela, os nadadores disputam em provas individuais e de revezamento, em piscinas de 25m e de 50m, mas sempre representando equipes. Eu nadaria pela equipe de São Caetano.

Tudo parecia estar bem, embora tivesse estranhado a insistência em me submeterem a três controles de doping em menos de 24 horas, o que não é normal. No começo, achei que as análises extras foram pedidas porque a primeira urina poderia estar muito diluída — isso acontece porque os nadadores costumam beber muita água para não ficarem desidratados na piscina. A segunda amostra colhida saiu menos diluída e estava normal. A terceira também estava menos diluída, mas, segundo os técnicos do laboratório de controle de doping — e isso eu só saberia mais tarde —, apresentava alterações.

O problema detectado pelo laboratório que realizou os três testes estava na presença de testosterona exógena, de fora do corpo, encontrada na primeira e na terceira amostra. Por outro lado, ambas estavam contaminadas por bactérias. A primeira, mais diluída, havia sido descartada e a segunda, a única que estava em condições de análise e havia apresentado resultado negativo, para minha surpresa, também foi desconsiderada. Esse procedimento foi contra as regras do controle mundial de doping, que orienta a manutenção da segunda amostra.

O laboratório também ficou confuso e informou que os resultados "eram atípicos". Mas, após ser informado por autoridades brasileiras que as três amostras eram da mesma pessoa, algo que fere o princípio de confidencialidade nos exames de doping, decidiu dar prosseguimento à análise e levar em consideração a última amostra. Isso significa que, mesmo diante do resultado inconclusivo, o laboratório canadense optou pelo exame com resultado positivo e contaminado por bactérias. Esse detalhe é bastante importante, pois as bactérias podem alterar o resultado e levar a um falso positivo, pois elas são capazes de produzir testosterona. Para mim, foi o que aconteceu, exatamente como eu afirmaria em minha futura defesa.

Apenas mais tarde também descobri que alguém do Brasil havia solicitado, pessoalmente, a realização do controle de doping por três vezes naquela competição, assim como tinha decidido enviar as amostras para um laboratório do Canadá. Foi a partir desse resultado que me convocaram para o Painel de Doping, um ano depois. Na ocasião, ouvi dos responsáveis:

— Não vamos punir você agora, a própria Federação Internacional de Natação não te puniu e pediu para que as investigações continuassem. Eles também acreditam que houve um falso positivo e vamos pedir a abertura da sua contraprova.

Um ano depois do pedido de abertura da contraprova, a segunda amostra, que não havia apresentado bactéria e obteve resultado negativo no teste, passou a conter bactérias, provavelmente pela demora na realização do exame e no armazenamento, sendo que o resultado passou a ser positivo para testosterona exógena. Como é possível que um exame antes negativo resulte em um positivo? Isso só mostra que uma contaminação por bactérias pode causar um falso positivo.

Antes disso, a pedido da Confederação Brasileira de Desportos Aquáticos, realizei uma bateria de exames, nos quais ficou comprovado que a alta produção de testosterona era produzida pelo meu próprio corpo, ou seja, uma produção endógena. Enviamos os resultados para a Federação Internacional de Natação e passei a fazer exames antes das competições mais importantes para provar que a quantidade de testosterona no meu sangue era naturalmente alta. Em todos os testes sempre obtive o mesmo resultado: alto índice de testosterona endógeno.

Naquela época, eu estava com vinte e dois anos e tinha a ingenuidade típica da idade. Tanto que não percebi o tamanho da briga que comprei ao dizer publicamente que, após comprovar a minha inocência — porque eu era inocente — iria processar o laboratório canadense, solicitando na sequência uma alta indenização, como preveem as regras esportivas internacionais. Eu me lembro de ter falado em mais de um milhão de dólares, afinal, eles estavam comprometendo o meu futuro no esporte. Até hoje penso se não teria sido essa minha declaração pública, que me transformou em alvo fácil para uma série de perseguições.

A verdade é que, na época, eu não tinha a compreensão que possuo hoje sobre as relações, nem sempre idôneas, que podem existir entre os laboratórios, a indústria farmacêutica, os organismos esportivos internacionais, os médicos e até mesmo os atletas, envolvendo, sobretudo, as questões relativas ao doping. Não estou afirmando que houve algo parecido no meu caso, mas depois de ter visto documentários importantes sobre o tema, ter lido reportagens e livros de vários jornalistas investigativos e até acompanhado depoimentos de muitos atletas, acabei me questionando sobre o assunto.

Uma das relações mais polêmicas que descobri, embora ninguém fique sabendo e tampouco seja divulgado pela imprensa, são as que envolvem autoridades esportistas responsáveis pelos exames de doping com os laboratórios responsáveis por fazer esses exames. São relações comerciais, de cunho societário, embora sempre disfarçadas. A partir daí, dá para deduzir que quanto mais atletas forem suspeitos e flagrados e mais exames de doping e de contraprova precisarem ser feitos, maior o lucro dos laboratórios e de seus sócios, pois se tratam de exames caríssimos.

Na outra ponta do problema envolvendo o doping, estão também os próprios dirigentes de instituições que pagam os laboratórios para que laudos positivos não sejam revelados, mediante manipulação de resultados. Com essas colocações, quero chamar a atenção para a necessidade de se realizar uma discussão mais aprofundada sobre o tema porque são tantas as artimanhas e complicações que surgem a cada dia, que é completamente injusto que quem pague por tudo continue sendo o atleta, o elo mais fraco desse sistema.

Outra questão é o vaivém de substâncias que entram e saem da lista de doping, sempre sujeitas aos interesses da indústria farmacêutica. Não faltam exemplos de atletas que até ontem tomavam um medicamento que hoje passou a ser proibido e vice-versa.

Para exemplificar as dificuldades que um atleta de alto rendimento enfrenta com essa questão, tive várias vezes crises de asma e de dores, principalmente decorrentes do meu problema de displasia e de ovários policísticos, e simplesmente não pude me medicar sem autorização da Confederação Brasileira de Desportos Aquáticos. Houve uma época em que eram proibidos medicamentos corriqueiros do dia a dia, como os para dor de cabeça, por conterem cafeína, dipirona e isometepteno.

...

A partir do momento em que fui chamada ao Painel de Doping e pelos próximos seis meses, fui submetida a exames em horários absurdos e com frequência também atípica. Comecei a achar estranho aquele procedimento, até cheguei a suspeitar se não seria uma perseguição, ainda mais depois do que passei em 2005, quando treinava com o Michael Lohberg. Durante o Campeonato Mundial de Natação do Canadá, tive problemas com medicamentos receitados para dores, que, embora não os tenha tomado, acabei me envolvendo em uma grande confusão.

Fiz essa associação porque o laboratório encarregado das análises de todos os meus controles durante o processo de doping que viria a enfrentar era justamente o canadense INRS-Santé, aliás, o mesmo de sempre. Mas a verdade é que, na época, eu não relacionei a suspeita de perseguição com a ameaça de pedido de indenização que havia feito anteriormente. Hoje acredito muito nessa possibilidade.

Em todo caso, continuei a competir mesmo após ter sido chamada ao Painel do Doping, porque não tinha sido suspensa nem havia recebido advertência. Nesse meio tempo, me classifiquei para o Pan-Americano do Rio e passei a ter olhos só para a competição.

GIGANTE PELA **PRÓPRIA NATUREZA**

Quando começaram os jogos no Rio, eu estava no auge da minha força física e muito empolgada com a competição, apesar de estar bastante nervosa, como acontece com todos os atletas. Eu me imaginava vencendo dentro do meu próprio país, com minha família e amigos ali na plateia, uma vitória a ser comemorada duplamente, e isso só aumentava a minha ansiedade.

Para minha alegria e, naquele momento, para a de muitos brasileiros, consegui conquistar as medalhas de ouro nos 50m e 100m livre, assim como a de prata no revezamento 4x100m livre e a de bronze no revezamento 4x100m medley. Naquele ano, eu me tornei a primeira brasileira a ser campeã na natação pan-americana, alcançando também o índice para participar dos Jogos Olímpicos de Pequim 2008.

Sobre esses momentos, em especial o da prova dos 50m livre, gosto de me lembrar do instante em que subi no bloco para a largada e conquistei a medalha de ouro e o recorde pan-americano, com o tempo de 25 segundos e 5 centésimos. Naquele 18 de julho, pedi a Deus que me mandasse um sinal de que eu ganharia a prova. A resposta veio segundos depois. Assim que me abaixei para dar o impulso, percebi pingos de chuva tocando a superfície da piscina. Naquele instante, eu me lembrei da minha primeira medalha de ouro, conquistada tempos atrás, em um dia também chuvoso. Antes de cair na água, fechei os olhos e pensei comigo mesma: "É minha!". Imediatamente a conquista foi noticiada e festejada pelos principais jornais e canais de televisão do país e do mundo. Todas as matérias traziam manchetes que me orgulharam, especialmente por muitas delas fazerem alusão à mensagem da minha nova tatuagem do braço, na qual uni meu apelido com a letra do hino nacional brasileiro: "Gigante pela própria natureza". E era exatamente assim que eu me sentia: uma verdadeira gigante, tanto pela conquista inédita para uma nadadora brasileira quanto pelo meu físico e minha força.

O tamanho das minhas costas, que sempre foram largas e só aumentaram com a natação, havia se somado aos meus braços ainda mais torneados devido aos meses de musculação intensa. Esse conjunto, atípico para o padrão brasileiro de corpo feminino, chamou a atenção de muita gente e, infelizmente, não de forma positiva. Acredito que a minha aparência originou as suspeitas de que eu estava tomando hormônios masculinos. O que ninguém sabia, porém, é que meu organismo sempre os produziu em excesso, bem acima dos padrões normais femininos. Recebi tantas insinuações sobre isso, a ponto de ser questionada por diversos jornalistas se ficar forte do modo que estava não afetava minha feminilidade, minha autoestima e até meu casamento.

Eu rebatia as perguntas afirmando que aquela era uma visão preconceituosa sobre o corpo feminino e a sexualidade. Para mim, as pessoas devem ser livres para perseguir o que acham ser o melhor para si mesmas. Naquele momento, eu estava focada no meu rendimento esportivo e não em um padrão de beleza condicionado pela moda ou por revistas femininas. Além disso, minha constituição física sempre foi a de uma mulher alta, grande e forte, algo que se desenvolveu ainda mais com os treinos intensos. Mas, na verdade, minha felicidade era tão intensa com as conquistas no Pan-Rio que realmente não tinha tempo para me preocupar com comentários maldosos. Hoje acredito que deveria ter me atentado a isso, pois muitos boatos surgiam de pessoas que tinham a intenção de me prejudicar, agindo de maneira dissimulada para tentar me tirar das piscinas.

Sei que minhas palavras podem parecer paranoicas, mas a verdade é que, após analisar todas as falhas de investigação durante os processos de doping que enfrentei, acredito que qualquer um chegaria à mesma conclusão. Percebi que pode existir mesmo uma tentativa de me derrubar quando fui comunicada do doping e imediatamente punida, sem ter a chance de me defender. Contrariando todas as regras jurídicas, que dão ao acusado o direito de defesa antes de ser penalizado. Senti na pele essa injustiça.

UM PESADELO **QUASE SEM FIM**

A desconfiança de que havia pessoas interessadas em me derrubar no esporte se solidificou quando foi solicitado para a Federação Internacional de Natação, a FINA, que meus exames não fossem analisados no laboratório da Universidade Federal do Rio de Janeiro, no laboratório Ladetec, como é de praxe e onde foram testadas ao todo mil e quatrocentas amostras colhidas de todos os atletas da competição.

Em vez disso, uma das minhas cinco amostras — a única dos Jogos Pan-Americanos — foi encaminhada ao laboratório canadense INRS--Santé. As outras quatro amostras, todas com resultado negativo, foram testadas no Rio de Janeiro, junto com os exames dos demais atletas. A justificativa usada para essa mudança foi a de que, de acordo com alguns médicos ligados à Organização Desportiva Pan-Americana, a Odepa, o laboratório em questão era o mais confiável e capacitado em detecção de testosterona. Fato é que coincidentemente aquele era o mesmo laboratório com o qual eu já havia passado por problemas anteriormente e agora enfrentava a mesma situação.

Ainda hoje me questiono como poderiam achar que o laboratório canadense era o mais capacitado. Existiam outros trinta e um laboratórios credenciados para a competição. Por que mandariam minha amostra para o laboratório contra o qual eu movia um processo desde 2006? Como não existiam outros mais capacitados? Apenas nas Américas havia outros cinco laboratórios (dois nos Estados Unidos, um na Colômbia, um em Cuba e um no Brasil). E o dos Jogos no Rio — que, aliás, é o mesmo dos Jogos Olímpicos em 2016 — não era capacitado?

O curioso é que naquele ano um atleta brasileiro havia testado positivo durante os Jogos Pan-Americanos para testosterona em exame analisado no Rio de Janeiro. Então, como o laboratório não era capacitado para tal verificação? Só essa estranha mudança do local de análise já seria suficiente para contar em minha defesa, como de fato eu alegaria mais tarde, já que havia um grande risco de o laboratório não ser imparcial em sua análise, como, de fato, acredito que não tenha sido.

Sem saber de nada disso, fui submetida a cinco controles de doping durante os jogos do Pan-Rio, número de exames bastante atípico para a competição. De todos, somente um acabaria dando um "suposto positivo", aquele testado no Canadá. Os demais, analisados pelo laboratório Ladetec, foram negativos, embora todos tenham apontado uma quantidade excessiva de testosterona, comprovadamente endógena, ou seja, produzida pelo meu próprio corpo.

Estranhamente os resultados demoraram muito tempo para sair, o que também é incomum. Quando um atleta está em uma competição, as análises saem no máximo em uma semana; no meu caso demoraram quatro meses. Na época, eu também não sabia que uma amostra havia sido enviada ao Canadá para ser averiguada.

Outro fato que me chamou a atenção foi a escolha dos horários em que foram realizadas as coletas. Uma delas tinha sido colhida bem tarde da noite, logo que cheguei à Vila Olímpica, e a outra, no dia seguinte cedinho. Não fazia nem nove horas que eu havia feito a última coleta. Eu me lembro de ter notado a preocupação do médico responsável por colher a amostra, quando perguntei por que análises estavam sendo feitas em tão curto intervalo de tempo. A própria pessoa que realizou o teste havia levado a amostra em mãos para o Canadá para entregar ao laboratório. O detalhe é que a amostra foi enviada com um pedido de análise para testosterona, demonstrando se tratar de um exame marcado.

As respostas para tantos questionamentos eu só obtive quatro meses depois. Para minha surpresa e desespero, ela veio em dose tripla: eu estava sendo condenada por doping no Troféu José Finkel, aquele mesmo que havia me mantido sob investigação. Na sequência, eu receberia mais uma notícia bombástica: uma das amostras colhidas no Pan-Americano também teria acusado a presença de testosterona exógena. Por fim, recebi a informação de que havia a presença de dois DNAs diferentes em amostras de urina colhidas nos dias 18 e 29 de julho, o que poderia ser sinal de uma possível adulteração. Essa última acusação dava a entender que eu provavelmente teria trocado as amostras ou havia solicitado a outra pessoa que cedesse sua urina em meu lugar para o teste. Uma suposição absurda.

•••

Era sexta-feira, 2 de novembro, feriado de Finados. Eu estava na casa de uma amiga, com as malas prontas para viajar para a Rússia na segunda-feira seguinte, para participar da Copa do Mundo de Natação. Por volta das duas horas da tarde, meu celular tocou. Era o presidente da Confederação Brasileira de Desportos Aquáticos (CBDA) me informando sobre o resultado positivo do controle de doping nos Jogos Pan-Americanos. Ele não tinha muitos dados, o que me deixou ainda mais nervosa.

Assim que ele terminou de falar, o chão se desfez aos meus pés. Eu me lembro de ficar completamente sem ar e precisar me apoiar no portão da casa para continuar aquela conversa. Pouco depois, a ligação caiu e eu comecei a chorar descontroladamente.

Aos prantos, abracei minha amiga completamente desnorteada. Não demorou muito para que eu recebesse uma ligação da diretora da CBDA, a médica Renata Castro, informando que eu deveria me apresentar no Painel de Doping na segunda-feira seguinte. Meus planos de competir na Rússia estavam temporariamente suspensos. Ingênua, eu sequer imaginava naquele momento tudo o que estava sendo armado contra mim.

Parada, em frente à casa da minha amiga e sem saber o que fazer, pedi para que ela me tirasse de lá. Eu precisava de ar, precisava sentir o vento no rosto, precisava de velocidade. Entramos no carro e pedi a ela que apenas dirigisse. Eu não conseguia pensar em nada, não conseguia me concentrar, só sentia uma dor imensa apertando meu peito.

— Por que estão fazendo isso comigo? — era a única coisa que não parava de ecoar na minha cabeça.

Paramos em uma igreja, para que eu pudesse me acalmar. Enquanto isso, meu pai tentava me ligar a todo instante. Eu não tinha coragem de atendê-lo, pois não queria que ele escutasse meu choro desesperado.

A cada olhada no celular, eu percebia mais uma indicação de ligação perdida e imediatamente pensava em minha mãe. Eu me desesperava em pensar na ideia de fazê-la sofrer com essas acusações injustas. Ela simplesmente não merecia aquela decepção, assim como meu pai. Quantos não tinham sido os treinos de madrugada que fizeram meus pais e eu acordarmos às três da manhã para que me dessem o café, e me levassem até a piscina, para só depois me deixaram na porta da escola?

Sentada na igreja, eu me lembrei de todos os ensinamentos da minha mãe sobre Deus: "Se um dia você sentir suas mãos trêmulas por causa de algum problema, minha filha, entregue tudo para Deus". De frente para o altar, eu parecia escutar a voz dela sussurrando em meu ouvido, e só essa ideia já parecia me acalmar. Mas o alívio era rapidamente quebrado pelo pensamento de que tanto ela quanto meu pai poderiam sofrer por minha causa, por um erro que eu não havia cometido.

— Eu preciso comprovar minha inocência. Eu preciso lutar, preciso transmitir força e tranquilidade aos meus pais — repetia para mim mesma, enquanto encarava as paredes da igreja.

Embora estivesse destruída por dentro devido à acusação, fiz jus à minha palavra. Naquele momento do processo, eu tinha esperança de que conseguiria provar minha inocência. Busquei forças em todo lugar e, nessa procura, acabei tatuando nas minhas costas o Salmo 91: "Caiam mil ao teu lado, 10 mil a tua direita e nada te atingirá". Eu precisava me fortalecer.

Na segunda-feira seguinte, compareci ao Painel de Doping, como foi solicitado e, aos poucos, fui tomando conhecimento sobre o que estava acontecendo e descobrindo cada personagem por trás daquele processo. Lá fui informada de que seria suspensa temporariamente de todas as competições internacionais de natação, um duro golpe para a carreira de uma competidora de alto nível como eu. Como já disse, fui punida antes mesmo de poder me defender.

Assim que o painel informou a sua decisão, o telefone do presidente da Confederação Brasileira de Desportos Aquáticos tocou. Era o presidente do Comitê Olímpico Brasileiro dizendo que eu deveria me apresentar no dia seguinte com um advogado. Perguntei o motivo e ele disse que a minha amostra de urina tinha sido trocada e que o comitê enviaria o documento por fax.

Naqueles minutos, pensei: "Meu Deus, até que enfim descobriram que alguém quer me prejudicar". Contudo, a realidade veio como um choque. No documento que recebera minutos depois, vi que já estava sendo acusada de ter fraudado o exame. Não conseguia acreditar no que lia. Como eu poderia ser acusada de fraude se eu nem ao menos conhecia as pessoas que me acompanhavam nos exames? E mais uma vez eu estava sendo acusada sem sequer ser ouvida.

Foi aí que suspeitei de que havia algo suspeito na investigação de doping e, por isso, tratei de contratar um advogado, o especialista Breno Tannuri, que me orientou sobre como contestar aquelas acusações. Sem saber como funciona a máquina jurídica no mundo, eu acreditava que bastava ser inocente para conseguir me livrar daquele pesadelo. Por essa razão, não duvidei um só instante quanto a recorrer à Corte Arbitral do Esporte, a CAS, cuja sede se localiza em Lausanne, na Suíça.

A primeira providência foi solicitar uma contraprova e contratar um especialista para me representar durante a realização do exame. O escolhido foi o médico José Blanco Herrera, uma pessoa idônea e bastante respeitada e experiente em doping, tendo realizado ao longo da carreira mais de vinte e duas contraprovas, além de ter sido médico da Federação Internacional de Natação por mais de dez anos. Tive que pessoalmente arcar com a viagem dele até o Canadá, onde aconteceria a contraprova. Porém, o laboratório INRS-Santé estabeleceu uma série de dificuldades para evitar essa supervisão, impedindo-o de acompanhar o procedimento, o que, aliás, vai contra as leis desportivas internacionais. O parecer terminou sendo inconclusivo, porque, de acordo com o próprio laboratório, seria preciso refazer a análise.

Sobre esse parecer inconclusivo, lembro-me de que tive o seguinte diálogo com o presidente da Confederação Brasileira de Desportos Aquáticos, no Painel de Doping:

— O doutor Blanco, meu representante na contraprova, falou que os resultados estavam estranhos, atípicos, por isso demandavam um estudo longitudinal. É um positivo alterado, só pode ser. Não pode ser positivo simplesmente.

Mesmo sem poder acompanhar de perto a contraprova, José Blanco Herrera já havia me alertado sobre uma série de irregularidades no procedimento do INRS-Santé, incluindo a realização de uma festa no dia do exame, fato que acabei incluindo em minha defesa. Além disso, pelo motivo de haver contaminação bacteriana em minha amostra, seria necessária a realização de um estudo longitudinal, que consiste na coleta de três amostras de urina em épocas diferentes, sendo que se qualquer uma delas apresentar indícios de contaminação bacteriana, devem ser excluídas novamente da análise.

Aquele era um momento extremamente delicado para mim, aliás, para qualquer atleta, porque comparecer ao Painel de Doping é ter sua carreira questionada e seu futuro ameaçado. Deveria ser algo confidencial, mas a reunião mal tinha acabado e eu já havia recebido uma ligação do Comitê Olímpico Brasileiro me convocando para uma reunião no dia seguinte.

Achei tudo muito estranho. Parecia existir ali uma série de ações coordenadas, cujo objetivo era me prejudicar. No dia solicitado, fui à reunião e me deparei com um ambiente hostil. Em meio a olhares inquisitórios, recebi uma carta, acompanhada da seguinte sentença:

— Você está sendo acusada de fraudar o exame de doping, com a troca das amostras de urina. Será investigada por isso também.

Fiquei chocada tanto com a acusação que acabara de receber quanto com aquela cena intimidadora. Em minha mente se desenhava a imagem da garota ingênua e indefesa jogada aos lobos, todos prontos para devorá-la.

Poucos dias depois, a médica Renata Castro acabaria pedindo demissão de seu cargo de diretora médica na Confederação Brasileira de Desportos Aquáticos, não sem antes dar uma longa entrevista sobre o caso. Ela atribuiu sua saída às tentativas de envolvimento de seu nome na troca de frascos. Para ela, isso se deve à postura que manteve em 2006, quando expôs uma série de falhas envolvendo o controle do meu doping. Na ocasião, Renata falou em "muitos interesses por trás do caso".

No dia 18 de dezembro, a Organização Desportiva Pan-Americana lançou um comunicado cancelando minhas quatro medalhas conquistadas no Pan-Americano do Rio — as duas de outro, a de prata e a de bronze —, assim como os recordes que bati na competição. Pior do que perder as conquistas individuais, foi a extensão do cancelamento a toda a equipe, o que incluiu a retirada das medalhas nos revezamentos 4x100m livre e 4x100m medley. Imediatamente algumas nadadoras se voltaram contra mim.

Minha situação era bastante desconfortável. Eu estava sendo atacada pelos meus companheiros do esporte, pelas instituições esportivas, pelo pré-julgamento da imprensa, e, por consequência, do público. Eu sequer tive a oportunidade de me defender. Meus advogados questionaram a Federação Internacional de Natação pelo fato de não termos sido avisados previamente de qualquer decisão e, de repente, termos sido surpreendidos com sentenças tão radicais, como a retirada das medalhas e a minha suspensão. Só ficamos sabendo dos ocorridos pela mídia.

Cada nova informação sobre o caso era um duro golpe que precisava absorver. Enquanto ainda me sobravam forças, eu brincava com as pessoas mais próximas que parecia que havia trocado de esporte, de natação para boxe, tamanha era a sucessão de pancadas que eu recebia. Guiada pela filosofia de "quem não deve, não teme", enchi-me de coragem e decidi recorrer e questionar toda aquela injustiça à última instância possível, a Corte Arbitral do Esporte, na Suíça.

Nesse processo, caminhei praticamente sozinha, sem nenhum apoio de entidades do esporte, como a Confederação Brasileira de Desportos Aquáticos e o Comitê Olímpico Brasileiro, os quais simplesmente acataram a decisão da Federação Internacional de Natação e da Organização Desportiva Pan-Americana. Parecia que todos estavam envolvidos em uma tentativa desenfreada de me usar como exemplo antidoping, assim como tinha em mim que aquele laboratório canadense queria mostrar serviço para garantir seu futuro com essas entidades esportivas.

Eu buscava força onde podia para me manter em pé. Nessa época, fiz mais duas tatuagens inspiradoras e cheias de significado para o momento que vivia: escrevi a palavra "Fé", na minha nuca, e desenhei o ideograma japonês "Deus, Força Chi", na panturrilha.

A cada tentativa de me reerguer, um novo golpe me tirava do eixo. Em julho de 2008, recebi da Confederação Brasileira de Desportos Aquáticos o seguinte pronunciamento:

— Viemos a público para declarar que a FINA, por meio de seu Painel de Doping, decide suspender a nadadora Rebeca Gusmão por dois anos, a partir do dia 17 de julho de 2008. A suspensão tem por objeto os exames de doping realizados nos dias 25 e 26 de maio de 2006, por ocasião do Troféu José Finkel de Natação.

Naquela altura, eu enfrentava três processos: o doping do Troféu José Finkel, o doping do Pan-Rio e o caso do DNA duplo na amostra colhida durante o Pan-Rio. Os dois primeiros estavam restritos à justiça desportiva, mas o último correu tanto na justiça desportiva quanto na comum e, por isso, chegou ao Ministério Público Brasileiro. Sem auxílio de nenhuma instituição, todas as despesas de cada processo estavam sendo custeadas por minha conta.

Como fui impedida de competir, acabei perdendo todos os patrocínios. Meu orçamento se desequilibrou, o que me obrigou a vender meu carro, principalmente para arcar com a viagem do médico José Blanco Herrera ao Canadá.

Para recorrer à Corte Arbitral, junto dos meus advogados, passei a estudar as principais normas e decisões internacionais do esporte, principalmente o "World Anti-Doping Code", da World Anti-Doping Agency, a Wada. Queríamos observar como tinham sido realizados todos os procedimentos de meus processos, desde a coleta das primeiras amostras, em maio de 2006, até o exame de contraprova, realizado em dezembro de 2007. Para minha sorte — realmente acreditava nisso na época — descobrimos tantas falhas, inconsistência e contradições nos procedimentos que me fizeram ter esperança de conseguir despertar logo daquele pesadelo.

CONDENADA POR **ANTECIPAÇÃO**

A imprensa se deleitou explorando as investigações que eu enfrentava. As matérias saíam uma atrás da outra, a maioria delas trazendo versões que geralmente me condenavam por antecipação. Parecia que os jornalistas só tinham ouvidos para autoridades esportivas ou para os personagens de acusação do caso — vez ou outra algum especialista era chamado para comentar o assunto.

Na época, não eram produzidas reportagens aprofundadas sobre o doping, que abordassem como ele é definido, quais são os critérios utilizados, como o conceito evoluiu ao longo dos anos, quais são os aspectos jurídicos que ele implica e, principalmente, o impacto na vida do atleta punido. Tampouco foram feitas entrevistas com atletas que sofreram a mesma acusação no passado ou até mesmo com aqueles que tenham assumido a culpa e, por isso, poderiam falar sobre essa triste realidade.

Também não foram feitas entrevistas que tentassem mostrar por que o doping é tão frequente no mundo dos esportes de alto rendimento ou mesmo que revelassem a rede de influência existente entre a indústria farmacêutica, os laboratórios, as entidades esportivas, as autoridades e até os atletas.

Para dizer a verdade, se não fossem os livros de esportistas internacionais lançados recentemente, os quais abordam as polêmicas por trás do doping, ou jornalistas investigativos à frente de documentários, que, por sinal, não entram no circuito comercial de televisão, teríamos pouquíssima informação aprofundada sobre o tema no Brasil. A única coisa que eu escutava de jornalistas conceituados, que sempre acompanharam minha carreira e sabiam minha origem era: "Rebeca, a gente sabe que o buraco é mais embaixo. Quem fez isso com você é um dos maiores bandidos desse meio".

Enquanto isso, atletas brasileiros continuam a ser pegos e acusados de doping quase que semanalmente. Na cobertura feita pela imprensa sobre o ocorrido, o tom de acusação é sempre o mesmo, deixando para a defesa do atleta umas poucas linhas no fim das reportagens ou uns míseros segundos nas matérias de televisão.

Com a imprensa e, por consequência, a opinião pública contra ele, o atleta que está passando por esse tipo de furacão precisa ter muita coragem para enfrentar essa situação. Geralmente, ele está fragilizado e não quer se expor; às vezes tem dificuldade para se expressar e, por isso, prefere deixar para os advogados a incumbência de falarem por ele. Foi exatamente isso que aconteceu comigo.

Eu fiquei tão abalada com as acusações e a série de irregularidades que foram sendo praticadas, que optei por me recolher. Fui me fechando, não queria mais sair, nem ver ninguém, até porque acreditava que no fim do processo, quando eu tivesse finalmente comprovado a condução cheia de falhas e irregularidades da acusação que havia sofrido, o cenário seria mais favorável para eu contar a minha versão. Por enquanto, todos os olhares me condenavam de antemão.

Não é exagero meu falar que, além do julgamento midiático, sofri também um severo julgamento social. Toda vez que saía às ruas era o mesmo cenário: as pessoas me olhavam com reprovação, quando não começavam a cochichar maldades. Para agravar ainda mais o caso, eu comecei a engordar muito após a notícia da suspensão, em parte porque deixei de queimar calorias com os treinos, mas também porque comecei a comer e a beber descontroladamente. Em pouco tempo, eu estava dez, vinte, vinte e cinco quilos mais pesada do que era, até que cheguei a ficar trinta quilos acima do meu peso.

Nessa época, as fofocas e os comentários maldosos se multiplicaram: "Parece mesmo um homem"; "É toda masculinizada"; "Essa toma hormônio masculino sem dúvida" e por aí vai. A imprensa seguiu o mesmo discurso, tanto que, quando decidi ir à praia e apareci de biquíni, fui vítima dos disparos rápidos das câmeras dos paparazzi e me tornei alvo fácil em um festival de ofensas e barbaridades.

Esse relato de como sofri nesse período se faz necessário para que seja possível compreender o que um atleta sente com essa exposição negativa justamente em um momento em que está debilitado, precisando de apoio. Eu sofri muito, ainda mais por estar sem forças para reagir e sem voz para me defender. Dessa forma, eu me sentia cada vez mais abandonada. O que mais doía era saber que mesmo que eu tivesse tomado alguma coisa, eu só teria prejudicado a mim mesma. Ainda assim, não seria justo aquele tratamento, aquela condenação vinda da sociedade. Atleta é ser humano, tem família e sentimento como qualquer um.

Finalmente tenho a oportunidade de falar dessa difícil e dolorida experiência, mas de extrema importância para que alguns pontos que ficaram silenciados no passado possam ser esclarecidos. Não quero com isso buscar a minha absolvição, até porque aquele triste período é página virada na minha vida. Mas acredito ser de extrema relevância trazer à tona esse tema para que mais gente descubra as irregularidades que acontecem nessas esferas.

UMA ACUSAÇÃO CHEIA **DE IRREGULARIDADES**

Não pretendo me estender sobre os detalhes e pormenores dos processos na justiça e instâncias esportivas, nem detalhar os exames de contraprova de doping, cheios de termos e explicações técnicas, mas sinto ser necessário tratar de alguns pontos que eu nunca tive a oportunidade de expor em público.

Como já mencionado, fiz questão de estudar o código da Wada, a entidade mundial que regulamenta as leis do doping esportivo. Para levantar argumentos para a minha defesa na Corte Arbitral do Esporte, também tive o cuidado de consultar seus documentos, porque precisava conhecer melhor suas atribuições, assim como os casos julgados e as respectivas sentenças. Logo no início de minha pesquisa, encontrei uma colocação que, se tivesse sido levada em consideração no julgamento do meu processo, seria suficiente para arquivar ou me absolver da acusação de doping no Troféu José Finkel, no qual as amostras colhidas estavam contaminadas por bactérias, condição que pode levar a um falso positivo.

Faço referência a uma cláusula em que a Corte Arbitral diz que seu objetivo é unificar decisões e criar jurisprudência na área esportiva. Isso significa que a entidade tem como propósito reunir decisões tomadas em diferentes tribunais para ajudar outros juízes em casos semelhantes. Com base nesse objetivo e em casos anteriores, identifiquei a situação da atleta inglesa Diane Modahl, que foi suspensa em 1994 por uso de testosterona e, cinco anos depois, conseguiu ser absolvida do processo após provar a contaminação da amostra por bactérias. Diante desse caso, passei a questionar em minha defesa por que essa decisão vale para alguns atletas, mas não pôde ser aplicada a mim? Afinal, o objetivo da corte não é justamente unificar decisões e criar jurisprudência.

Fiz, durante o processo de contestação, várias colocações e apontamentos, tanto na defesa jurídica quanto nas entrevistas que dei à imprensa, os quais nunca foram levados em consideração. A impressão que tinha era a de que havia uma intenção prévia em me condenar. Todo o contexto que foi criado servia como pretexto, só precisavam descobrir um modo de fazer isso.

Eu me lembro de uma conversa que tive com uma jornalista — mais uma entrevista nunca publicada — sobre a necessidade de se comparar meus resultados nos controles de doping realizados para o Troféu José Finkel com aqueles analisados no Campeonato Mundial da China, de onde eu tinha chegado há poucos dias.

— Há duas semanas, estive em Xangai para um importante campeonato. Lá me submeti a dois controles de doping depois das provas e ambos deram negativo. Aqui no Brasil, onde tive um desempenho muito pior, fui acusada de doping. Como eu poderia ter nadado "dopada" se aquele tinha sido meu pior resultado do ano? — questionei à época. — O que não entendo também é que no Troféu José Finkel, em dezembro de 2005, minhas amostras apontaram contaminação bacteriana e o próprio laboratório canadense informou que os exames haviam sido descartados devido à contaminação — continuei.

Assim, identificar contradições e irregularidades tornou-se meu principal objetivo para conseguir enfrentar os três processos nos quais estava sendo acusada. Para isso, eu me debruçava no código internacional de doping da Wada, em especial nas regras que determinam as práticas e os procedimentos que os laboratórios devem seguir para a condução das coletas e análises.

Um dos artigos diz respeito à confidencialidade, necessária tanto para a proteção do atleta quanto do processo de controle de doping. A própria Federação Internacional de Natação, em seu código, também ressalta a importância da confidencialidade nesses procedimentos. Mas essa regra não se aplicou ao meu caso.

Outro fato imperdoável durante o julgamento do meu processo foi o cerceamento ao meu direito de ter um representante acompanhando a contraprova do doping. O médico José Blanco Herrera — que, como já mencionei, foi o especialista por mim escolhido para essa tarefa — foi pessoalmente acompanhar a realização da contraprova. Essa supervisão faz parte do trâmite normal desse tipo de análise para evitar suspeitas sobre o resultado obtido. Isso se justifica porque, como o laboratório emite um parecer na primeira avaliação da amostra, é natural que ele se empenhe para manter o mesmo resultado. Mas, devido ao alto custo de locomoção e acomodação, muitos atletas não acompanham a contraprova ou nem a solicitam. No meu caso, não pensei duas vezes em vender meu carro para arcar com todas as despesas e os honorários do meu representante. Era a minha carreira que estava em jogo.

Uma vez no Canadá, José Blanco foi impedido de acessar o laboratório, pois naquele dia, 20 de dezembro, os funcionários estavam realizando uma festa de confraternização. O curioso é que o laboratório havia marcado as datas para a abertura da contraprova com um mês de antecedência para que eu pudesse programar a ida do meu representante. Em momento algum, fui informada da realização de uma festa de confraternização, que viria a impedir o especialista que designei de acompanhar a realização do exame, ou seja, de saber realmente quem o havia feito, de que forma e qual o resultado obtido nos testes.

— Rebeca, não sei o que está acontecendo aqui. Eu nunca vi isso em toda a minha vida — disse José Blanco. — As pessoas do laboratório insistem em me mandar de volta para o hotel, dizendo que, quando o resultado estiver pronto, me avisam. Eu respondi que só sairia com ele em mãos. A responsável disse que me ligaria e não ligou, resolvi ir até o laboratório e ela não estava. Outra pessoa me recebeu e pedi para olhar os gráficos da amostra A e comparar com a B. Percebi na hora que estavam diferentes e perguntei à técnica o porquê da diferença. Ela respondeu: "Contaminação bacteriana". Na hora a questionei, pois no primeiro dia de análise, sem que eu tivesse perguntado nada, a chefe-responsável falou que não havia contaminação bacteriana. Achei estranho. Por qual motivo ela falaria isso? Ela não sabia de quem era o exame. E agora outra pessoa fala que há sim contaminação. Na mesma hora, a chefe-responsável entrou pela porta, tirou os papéis da minha mão e disse: "Eu cuido disso". Fiquei exaltado e perguntei o que estava acontecendo; ela simplesmente saiu — explicou José Blanco.

Em choque, ouvia o relato do especialista que contratei sem conseguir expressar qualquer reação. Contudo, eu já conseguia imaginar o que estava por trás de toda aquela história.

— Não acredito que isso está acontecendo — respondi ao especialista, completamente desnorteada.

Além dos fatos apontados pelo médico José Blanco, outra questão é que, pelos horários e assinaturas dos relatórios, é possível observar que os técnicos deram procedimento às análises fora do expediente normal, durante a noite e ao longo da madrugada. Inclusive, alguns dos especialistas trabalharam vinte e quatro horas, aumentando consideravelmente as chances de erro.

Houve ainda equívocos em importantes anotações, que tratavam de concentrações, datas e horários de coleta, assim como erros na manipulação da prova e da contraprova — por exemplo, em hipótese alguma ambos os testes poderiam ter sido feitos pelos mesmos técnicos, sob risco de contaminação de uma amostra com a outra, o que invalidaria os resultados. Na jurisprudência da Corte Arbitral do Esporte já existem casos semelhantes, como o do tenista checo Bohdan Ulihrach, que comprovou isso e, embora suspenso, conseguiu voltar às quadras e ainda recuperar os pontos retirados no campeonato.

Existem ainda várias outras observações sobre as falhas na condução da acusação e no meu direito de defesa, embora nenhuma delas tenham sido levadas em conta, pois foram ignoradas pela Corte Arbitral. Hoje tenho a plena convicção de que se eu tivesse em mãos os duzentos e cinquenta mil dólares solicitados por advogados de circulação internacional para que me defendessem, eu teria conseguido reverter a situação.

Depois dessa experiência, perdi a inocência em acreditar que o mundo da Justiça se move pelo que é justo. Na verdade, as relações entre os envolvidos e as construções dos processos têm mais peso nesse tipo de investigação.

Para tentar amenizar as consequências de minha condenação, cheguei a pedir que fosse revisto o início de minha suspensão na natação, para que eu não ficasse de fora das Olimpíadas de Pequim, em agosto de 2008. Contudo, logo recebi outra punição, que acabou por estender o prazo da suspensão.

Outra reivindicação que fiz, embora novamente sem sucesso, foi a preservação de algumas das medalhas canceladas, especialmente as que ganhei em provas cujo controle de doping tinha obtido resultado negativo. Assim, solicitei que fossem retiradas apenas aquelas cujos exames estavam em julgamento. Mesmo porque eu havia testado negativo em todos os exames realizados logo após as conquistas de todas as minhas medalhas nos Jogos Pan-Americanos.

Meu pedido tomava como base o caso da romena Andreea Raducan, atleta da ginástica olímpica que testou positivo no controle de doping realizado em uma das provas nas Olimpíadas de Sidney, em

2000, e perdeu a medalha de ouro apenas nessa disputa. As demais medalhas conquistadas no mesmo evento, em provas cujos controles de doping obtiveram resultados negativos, foram mantidas.

Não obtive sucesso em nenhuma dessas contestações. Em novembro de 2009, depois de dois anos de muita luta, expectativa e um vaivém interminável de troca de cartas e conversas com todas as entidades do esporte, após dois painéis exaustivos na Suíça, enfim saiu a decisão da Corte Arbitral do Esporte. Ela se declarou inapta para julgar o caso, pois ele não havia passado anteriormente por julgamentos prévios no Brasil ou na FINA.

Na prática, como a corte não cassou as punições que sofri, foi mantido o cancelamento das medalhas e dos recordes. Mesmo que a própria FINA não concordasse com essa decisão, terminei banida da natação mundial pela corte, com base na regra que prevê suspensão definitiva para o atleta que tiver duas ou mais condenações por doping.

Quanto à acusação de troca de DNA, processo que corria na esfera comum da Justiça brasileira, acabei inocentada, após meses de muita apreensão e revolta. Ainda hoje acredito que esse caso só foi criado para tumultuar o meu processo e ajudar a denegrir minha imagem no esporte. Ainda que a sentença tenha sido favorável, não foi suficiente para apagar o susto que passei quando foi ao ar, em um noticiário da noite, a informação de que o Ministério Público iria me acusar formalmente de fraude.

— Liga a televisão, Rebeca. Estão falando que você vai ser indiciada por falsidade ideológica e pode pegar cinco anos de prisão! — esbravejou um amigo ao telefone.

Minha primeira reação foi ligar para o meu pai, que estava com minha mãe em Recife, para que não assistissem à televisão naquela noite. Eu queria poupá-los de mais aquele sofrimento, mas não tive tempo. Assim que peguei o celular, notei que meu pai já me ligava e, enquanto conversávamos, pude perceber ao fundo minha mãe aos prantos. Essa, sem dúvida, é uma das piores lembranças que tenho da minha travessia de dor. Lutar contra tudo e ainda precisar me mostrar forte para meus pais, o que exigiu de mim um esforço sobre-humano.

Poupar o sofrimento dos meus pais era uma missão que assumi em nome de tudo o que tinham feito por mim no passado. Pegar o jornal na porta da casa deles antes que acordassem e escondê-lo para que não o lessem se tornou quase uma rotina para mim. Sem falar em quantas vezes cheguei à casa deles querendo o colo da minha mãe, com uma vontade imensa de receber seus carinhos e sua proteção, mas eu não podia. Não deveria. Então, eu olhava para ela, segurava o choro e dizia:

— Mãe, olha nos meus olhos. Eu estou bem, sou forte, tudo vai se resolver.

Foram dias sombrios os que se seguiram logo que recebi a notícia de que o Comitê Olímpico Brasileiro tinha entregado à polícia a investigação do caso do DNA trocado. Era mais um duro golpe para suportar, mais um fator de complicação em um caso já tão complexo. Para me acalmar, eu pedalava sem rumo por Brasília, chorando muito e repetindo, quase suplicando:

— Deus, mostre a verdade a todo mundo!

Quando, enfim, dei meu depoimento ao delegado Marcos Cipriano, encarregado do caso, na Delegacia de Repressão aos Crimes contra a Saúde Pública do Rio de Janeiro, consegui esclarecer todos os pontos que a imprensa, com sua busca pelo sensacionalismo, só fazia distorcer e aumentar. Era inacreditável como praticamente todas as matérias divulgadas insinuavam minha culpa na tentativa de fraudar o exame de doping, antes mesmo de eu ter a chance de me defender.

Com o depoimento, notei que algo havia mudado, mesmo que fosse apenas a opinião daquele delegado a meu respeito. Para mim, já era significativo, embora o caso tenha prosseguido para o Ministério Público, por uma questão de praxe.

Na delegacia, expliquei toda a verdade, ou seja, que as minhas amostras retiradas no dia 12 de julho tiveram os frascos trocados posteriormente à coleta, dentro do Laboratório Ladetec. A minha certeza disso vinha do fato de que, quando um atleta faz um exame desse tipo, ele escolhe um frasco numerado para a coleta e assina um documento no qual fica registrado esse número. Eu sabia muito bem qual era o meu número. Ao receber os documentos que comunicavam a suspeita de fraude, observei a numeração errada do frasco.

— Deve haver algum engano, pois esse número não é o meu — afirmei.

— Nós tivemos de trocar a sua urina de frasco — recebi como resposta.

Na hora não acreditei no que estava ouvindo. A única segurança que o atleta tem em todo o processo de investigação de doping é esse número e ele simplesmente havia sido trocado? Aquilo era a maior prova do interesse que algumas pessoas tinham em me prejudicar.

Se por acaso tivesse sido necessária a troca de frasco, como foi alegado, eu precisaria ser avisada, sendo que a substituição deveria ser feita na minha presença ou na de algum representante meu. Naquele dia, ainda questionei a autorização para a realização do exame de DNA.

— Para fazer o exame de DNA, não deveriam ter me pedido autorização, em vez de apenas receber um comunicado um dia antes?

— Não — foi a resposta que recebi. — Do mesmo jeito que temos autorização para trocar a urina de frasco, temos para solicitar o exame de DNA.

Aquilo não fazia sentido para mim. Em 2003, houve um caso no Pan-Americano de Santo Domingo, no qual três atletas fizeram o teste de DNA, mas não sem antes ser solicitada a autorização para cada um deles. Em outro caso, o da nadadora Laura Azevedo, ela própria pediu para que o exame fosse feito, mas teve sua solicitação negada, obtendo como resposta que ele não era seguro, pois a urina não é tão eficaz para esse tipo de análise quanto o sangue. Ambos os casos foram anexados à minha defesa.

Diante da suspeita da troca, solicitei a realização da prova B, que serviria como contraprova, mas novamente meu direito foi negado.

— Além de trocarem minha suposta urina de frasco, sem meu consentimento, sem a minha presença ou a presença de alguém de minha confiança, eu ainda não posso pedir a prova B? — questionei à época.

— Não. Não existe prova B de DNA — obtive como resposta.

Diante de tamanhos absurdos e sem apoio das autoridades que poderiam ter me ajudado, eu me senti completamente abandonada. Estava sozinha lutando em vão contra um sistema poderoso, cuja decisão parecia já ter sido tomada muito antes de qualquer resultado de exame.

A impressão que tenho hoje é a de que precisavam de um caso exemplar, para dar credibilidade e visibilidade às entidades esportivas brasileiras. Infelizmente, fui escolhida provavelmente por conta da minha aparência, mais fácil de convencer a todos sobre um possível uso de hormônios.

É possível também que o laboratório canadense INRS-Santé quisesse se fortalecer dentro do circuito esportivo como um especialista em doping. A minha dúvida atual é: se o laboratório canadense era tão capacitado assim, por que a FINA recentemente decidiu transferir todos os exames para outro laboratório de Barcelona? Por que, durante o meu processo de investigação, houve uma solicitação para que nenhum país encaminhasse seus exames para o Canadá? Nunca obtive uma resposta oficial para esse questionamento, embora já imaginasse qual seria.

O absurdo envolvendo os frascos trocados e a acusação de DNA duplo acabou em agosto de 2009. Na ocasião, o juiz Flávio Itabaiana de Oliveira Nicolau, da 27ª Vara Criminal da Cidade do Rio de Janeiro, me absolveu dizendo que não havia provas suficientes para a condenação, já que o Laboratório Ladetec enviou para o exame de DNA um frasco com numeração diferente daquele entregue lacrado por mim, no dia 12 de julho de 2007.

Finalmente acabei inocentada pela Justiça brasileira, mas a Corte Arbitral do Esporte não considerou essa sentença em sua decisão, divulgada dois meses depois do julgamento. O estrago estava feito e a minha carreira de atleta de alto rendimento, destruída.

Aos vinte e cinco anos de idade, depois de três anos enfrentando uma luta inglória, desproporcional e injusta, eu experimentava o gosto da maior de todas as perdas. Era o fim do meu sonho de um dia conquistar a medalha olímpica que tanto desejei.

O OUTRO LADO **DA PERDA**

Quando tomei consciência de que tinha perdido todos os recursos possíveis e não havia mais o que fazer para recuperar minha carreira esportiva, vivi um período de solidão e silêncio. Mesmo quando estava cercada de gente ou frequentava lugares interessantes, era como se eu não estivesse ali.

Os sons estavam sempre longes, as conversas passavam despercebidas e eu falava pouco. Parecia que meus pés caminhavam em falso, como se eu flutuasse acima da realidade. Poderia ser levada para qualquer lado ou lugar, independentemente da minha vontade. Eu me sentia tensa e preocupada o tempo todo. Nada era leve, nem agradável; pelo contrário, era tudo bastante pesado e sombrio. Dia após dia, eu estava começando a me desligar do mundo real e migrar para um universo próprio, trancando-me dentro de mim mesma, de onde parecia que nunca mais sairia. A depressão, que desde novembro de 2007 vinha rondando o meu caminho, de repente se mostrava forte e agressiva, pronta para me devorar. Eu ainda não tinha percebido seu movimento, porque até então estava completamente envolvida com as contestações judiciais. Nesse período, eu lutava para administrar a minha revolta, sentimento que fazia a adrenalina tomar conta do meu corpo, e me impedia de perceber que estava correndo risco com o avanço da doença.

O primeiro sinal de que algo estava errado foi a minha oscilação de peso. No início, eu emagreci muito. Não tinha apetite, não queria comer e perdi cerca de vinte quilos ao todo, ficando bem fraca. De repente encontrei no extremo oposto um conforto para lidar com tudo o que estava sentindo. Passei a comer compulsivamente, inclusive comidas gordurosas, industrializadas e pouco saudáveis, tudo o que não fazia parte da minha alimentação como atleta.

Depois comecei a descontar no álcool a minha dor; passei a beber diariamente, em uma rotina que já começava logo de manhã, nas primeiras horas do dia. Elegi a vodca como minha companheira para dividir angústias e tristezas. Com ela, ficava trancada no meu apartamento por semanas, muitas vezes sentada no parapeito da janela, encarando o vazio. Dormia às seis da manhã e acordava só à tarde, por volta das duas. Com o passar dos dias e a repetição dessa rotina destrutiva, fui ganhando peso, até chegar a cento e quatro quilos, ou seja, cerca de trinta quilos acima do eu pesava quando era nadadora de alto rendimento.

Estava claro que eu precisava de ajuda profissional, mas não me permitia abrir para isso. Desejava o colo dos meus pais, mas, ao mesmo tempo, queria poupá-los da exibição da minha fragilidade e desespero. Também não tinha o direito de atrapalhar as minhas irmãs, que, naquela altura, já tinham as vidas encaminhadas. Eu me fechei para que a minha família não soubesse o que estava acontecendo comigo.

Estava decidida a não pedir ajuda a ninguém, mas meus gestos, meu olhar, assim como os hábitos que passei a adotar, eram um grito desesperado de socorro. Nesse difícil momento, em quem poderia me apoiar? Não encontrei esse alicerce onde acreditei que poderia estar, ou seja, no meu casamento, uma união que estava caminhando para seu fim, trazendo ainda mais dor para dentro de mim.

Foi nesse momento de total desamparo que finalmente joguei a toalha e me permiti ser sugada para aquele lugar escuro e fechado, dentro de minha própria solidão. Para minha sorte e salvação, ao meu resgate vieram alguns anjos. Ciza, Débora e Paulinha foram imprescindíveis nessa minha fase de depressão, não só se revezando para eu nunca ficar sozinha, mas também me orientando a procurar ajuda especializada. Por influência delas, passei a me consultar com um psiquiatra, que me receitou medicamentos apropriados para o meu estado depressivo.

Para quem não conhece os efeitos dessa doença no corpo, a depressão é uma dor física que a pessoa sente, mas não sabe exatamente onde dói. Ela sente um vazio que consome as forças e não consegue ter empatia por ninguém, muito menos por si mesma. O problema é que não existe um remédio que faça essa dor parar. O máximo que se consegue é anestesiá-la. Na tentativa de minimizá-la, eu buscava o álcool ou medicamentos para dormir, que me dopavam. Se eu conseguisse dormir com esses artifícios, era um alívio, porque assim a dor ia embora. Mas logo que o efeito anestésico passava e abria os olhos, a dor voltava de forma avassaladora e eu mergulhava novamente em um choro sem fim.

O estado depressivo também fazia com que eu me agredisse fisicamente, na tentativa de substituir uma dor por outra. Eu me machucava com a unha, com instrumentos, com objetos, com o que quer que fosse. Escolhia braços, coxas, pescoço e o peito como alvos. Nesses momentos de fúria, repetia:

— Meu Deus, por favor, me leva daqui. Eu não aguento mais sentir tanta dor assim.

A dor era resultado de toda perda que vinha sofrendo em minha vida. Desde que fui acusada pela primeira vez por doping, aprendi um novo sentido para a palavra perda, muito mais intenso e devastador do que aquele com o qual estava acostumada a enfrentar em minha rotina de atleta. Nas competições, eu perdia medalhas, pontos, dinheiro, fama, viagens... Tudo o que estava intimamente relacionado à vaidade.

Durante os percalços da depressão, o sentimento de perda era completamente diferente. Essa dolorosa descoberta me alertava para a necessidade de criar e cultivar outros valores, pois havia coisas muito mais importantes a se perder na vida.

Quem me ajudou a descobrir e resgatar alguns desses valores foi meu grande amigo Carlos Borges. Foi ele que esteve ao meu lado durante toda a minha travessia de dor, sempre me ajudando a não ficar pelo caminho, nem a mergulhar na escuridão. Mais conhecido por Gurete, como a gente se tratava e ainda hoje se trata por conta de um personagem de comédia de Brasília que adorávamos ouvir no caminho para o treino, Carlinhos começou a nadar comigo em 1999 na nossa equipe no Clube dos Oficiais da Polícia Militar, o COPM. Carinhoso e muito sensível, ele se colocou a postos para estar ao meu lado sempre que eu precisasse. Tínhamos um acordo que me permitia ligar para ele a qualquer hora do dia, da noite ou da madrugada para pedir ajuda — e ele viria ao meu encontro, mesmo que precisasse atravessar Brasília, dar meia-volta na porta de casa ou pular da cama quentinha.

Quando recebi o comunicado de que estava suspensa da natação, foi ele quem me acudiu, correndo para a minha casa assim que soube da notícia. Nesse dia, ao avistá-lo chegando à minha casa, corri aos prantos para o seu abraço e ali fiquei por infinitos minutos. Solidarizado com a minha dor, ele chorou comigo e repetia a todo o momento que tudo ficaria bem.

A partir daquele dia, Carlos passou a dormir todos os dias em casa. Ficávamos acordados até às seis da manhã, quando ele saía para trabalhar. À tarde, em vez de ir nadar, como era seu costume, voltava para minha casa para cuidar de mim. Dizia que só voltaria para as piscinas quando eu também voltasse. Para um apaixonado pela natação como ele, não havia prova maior de desprendimento e amizade. Como eu não podia voltar a nadar, ao menos não profissionalmente, ele cumpriu sua palavra e também parou de treinar. E eu sabia como Carlos gostava de treinar; ele sempre foi o mais dedicado de todos nós.

— Guretinha, será que eu posso ser suspenso no seu lugar? — repetia frequentemente Carlinhos. Eu respondia a pergunta com um abraço e um sorriso amarelo, dolorido.

— Gurete, depois que a gente passar por essa e sobreviver, você vai precisar arrumar um emprego, fazer faculdade. Você não vai ganhar nada só nadando, é muito gasto — dizia a ele.

Carlos não tinha patrocínio, nadava por paixão — daí a grandiosidade de seu gesto por mim. Nossa corrente diária de amizade durou até o último julgamento do meu caso na Corte Arbitral do Esporte. Acampávamos em casa toda sexta-feira, esperando o comunicado de uma decisão que nunca chegava. A resposta que deveria sair em trinta dias demorou seis meses, sob o argumento de que estavam esperando a decisão da Justiça brasileira. O curioso é que fui absolvida no Brasil, mas a Corte Arbitral, por sua vez, decidiu que todas as punições sofridas por mim até aquele momento se mantivessem para sempre.

...

Dizem que o tempo é o melhor remédio para livrar alguém de uma crise. No meu caso, o tempo foi passando e, por mais que eu desse sinal de que estava conseguindo me desvencilhar da depressão, ela estava ali, firme, apenas mascarada. Os medicamentos me ajudavam muito, a companhia dos meus amigos também, mas eu estava ferida de morte e não conseguia superar o fato de ter estado cara a cara com a face mais cruel do ser humano.

Depois do que eu vivi naqueles cinco anos, passei a repetir aos quatro cantos que o ser humano era uma invenção que não havia dado certo. É claro que não se pode generalizar, pois há no mundo pessoas maravilhosas — o Gurete é a prova maior disso, além de várias pessoas que eu amo. Mas também existem aquelas que, com crueldade e egoísmo, representam o extremo oposto. Há pessoas que para se dar bem passam por cima das outras, que se aproveitam da fragilidade alheia para apertar suas feridas, que não aguentam conviver com o sucesso ou a felicidade do próximo, inclusive daqueles que estão bem próximos.

Infelizmente essa segunda categoria de pessoas cruzou meu caminho naqueles cinco anos fatídicos, deixando marcas profundas no meu coração, impossíveis de serem esquecidas. Talvez por causa da depressão em que mergulhei, minha energia ficou comprometida, da mesma forma que minhas capacidades físicas, mentais e emocionais. Desde 2009, eu só tinha olhos e coração para a tristeza e a desesperança. Naquele período de dor, era impossível para mim colocar as boas experiências acima das vivências ruins. Não havia como reagir racionalmente ao turbilhão emocional que eu estava enfrentando. Sentia culpa, baixa autoestima, pessimismo, tristeza, raiva, medo, tudo ao mesmo tempo e com muita intensidade.

Em 2013, cheguei ao auge do meu processo de autodestruição. Nada mais me interessava, a não ser a escuridão daquele túnel de solidão que insistia em me chamar. Tentei atravessá-lo uma vez, em maio. Não consegui e voltei.

Se havia saída por ali, eu não sabia. Também não pensava nisso. Naquela altura, eu me encontrava na entrada do túnel novamente em pleno 29 de agosto, e estava tomada pelo mais irracional dos pensamentos.

4
HORA DE RENASCER E **SE REINVENTAR**

•••

"Hoje sei que dá pra renascer várias vezes nessa mesma vida. Basta desaprender o receio de mudar!"

Martha Medeiros

Minha segunda tentativa de suicídio me deixou em estado de coma. Foram três dias perdida em um mergulho profundo, silencioso, em que nadei sozinha na escuridão do meu mundo interior. Nunca saberei o que exatamente aconteceu naqueles dias, embora desconfie. O certo é que, enquanto eu estava lá, em um sono intenso e desconectada do mundo exterior, o clima ao meu redor era de apreensão, choro, revolta e expectativa, mas também de muito carinho e amor.

Sob o olhar vigilante e atônito dos meus pais, permaneci imóvel e estendida na cama de um hospital de Brasília por longas setenta e duas horas, ligada ao mundo real apenas por tubos e fios, que monitoravam e davam suporte à vida que eu havia tentando interromper. Porém, tenho certeza de que mais importante do que os recursos da medicina para me fazerem voltar do coma foi o amor que recebi das pessoas que me rodeavam e me puseram em suas orações e pensamentos.

Dias antes de estar ali, ligada às máquinas, estava jogada no chão do meu apartamento quando fui encontrada pela minha irmã Aline e meu pai ao meio-dia do dia 30 de agosto de 2013, quase doze horas depois do meu brinde fatal. O que aconteceu naquelas horas de desespero, entre me entregar à morte e ser socorrida, ficou meio apagado na minha memória.

Eu me lembro de tudo o que aconteceu até a hora em que me sentei no parapeito da janela do quarto, no 13º andar. Ali passei algumas horas esperando o momento de me lançar ao vazio. Sentia uma dor tão profunda dentro de mim que a ideia de despencar em queda livre, em vez de me causar medo, parecia um verdadeiro alívio. Finalmente eu iria me livrar de toda aquela carga de dor e angústia que tomava conta dos meus pensamentos.

Apenas quando fui à cozinha encher meu copo com mais uma generosa dose de vodca é que tive a ideia de tirar a minha vida com um coquetel fatal.

Os médicos disseram que a água sanitária que incluí na bebida me fizera vomitar o veneno de rato e os barbitúricos, livrando meu corpo da dose letal. Fui encontrada com o coração batendo devagar, desidratada, quase em estado de choque. Foi meu próprio pai quem prestou os primeiros-socorros, mas logo foi substituído pelos socorristas que chegaram poucos minutos depois.

Três dias após o episódio, abri os olhos, para a felicidade da minha família e de quem estava rezando e torcendo por mim. Ainda que pelas vias tortuosas desse incidente, tive, posteriormente, o grande prazer de descobrir que eu morava no coração de um grande número de fãs, pessoas que hoje acompanham a minha carreira e a minha vida e me dão muita alegria.

Mas, naquele 3 de setembro, o sentimento que veio à tona logo que acordei do coma foi raiva. Acordei para minha nova vida com raiva das injustiças que tinham feito comigo, mas, sobretudo, com muito mais raiva do que eu mesma estava fazendo comigo.

Como eu poderia ter deixado de me amar e me cuidar? Como permiti que eu me ferisse daquele jeito? Por que eu havia dado tanta importância às pessoas que me magoaram, a ponto de perder a fé no ser humano e não querer mais viver? Em vez de me autodestruir, por que não deixei que eles se perdessem na própria vilania e mediocridade?

Até hoje me questiono como pude me afundar tanto a ponto de cair naquele mergulho profundo. Aqueles momentos de escuridão me inquietam, pois ainda não compreendi o que teria acontecido comigo para que agisse daquela forma. Seja o que for, eu consegui acordar daquele pesadelo e mais lúcida do que nunca.

Muitos amigos e colegas acreditam que eu tenha encontrado Deus no período em que estive em coma e dele tenha recebido uma segunda chance. Foi assim que abracei uma nova oportunidade de vida, não mais voltada apenas para a vaidade da vitória competitiva — como era a minha antiga realidade —, mas para me tornar mais espiritualizada e, com isso, olhar para o próximo e aprender a apreciar a vida em suas manifestações mais simples. Nesse processo de evolução, com certeza a lição mais importante que absorvi foi a de que ter disposição faz toda a diferença para mudar a própria realidade e pode, inclusive, nos salvar.

Ao contrário, meus colegas mais céticos procuravam uma explicação neurológica para o que havia acontecido comigo. Diziam que talvez a produção de serotonina, o hormônio responsável por produzir a sensação de bem-estar no corpo, além de outras substâncias químicas naturais do organismo, possa de repente ter se reequilibrado. Outra teoria era a de que uma ligação neurológica possa ter se reestabelecido durante meu processo de coma. Se isso é real ou não, o que importa é que eu acordei com a convicção de que queria mudar e ser uma nova pessoa.

É claro que não bastou a minha vontade, embora determinação seja sempre o passo mais importante para qualquer processo de recuperação e de mudança. Isso significa que não saí saltitante do hospital, como eu gostaria que tivesse acontecido. Na verdade, passei por um processo de recuperação bastante lento, no qual precisei frequentar médicos psiquiatras e fazer psicanálise regularmente, até que tivesse a depressão sob controle.

Passei também a ser medicada, tomando remédios que até hoje fazem parte do meu dia a dia e com os quais já me adaptei. Mas nem sempre foi assim. Em um determinado período da minha recuperação, eu achei que não precisava mais deles. Engano meu, porque a depressão é ardilosa: quando menos se espera, ela pode voltar à tona e levar você mais uma vez para aqueles momentos de escuridão.

Conviver com a depressão requer bastante paciência e perseverança, pois cada dia é um novo recomeço. As vitórias são conquistadas a passos lentos e exigem tempo e dedicação. Pode demorar, mas um dia você acorda, se olha no espelho e tem vontade de cuidar mais de si mesma, de ficar bonita para você mesma — e não para os outros. Essa reconquista da autoestima é um importante passo na vitória da depressão e é um grande sinal de que você está indo bem nesse trajeto.

Em outro dia, você acorda com mais disposição, quer sair, ver o sol, respirar ar puro e descobrir os prazeres das coisas simples da vida. Aos poucos, a sociabilidade volta a se fazer presente e você tem vontade de ver pessoas, compartilhar momentos com a família, os amigos e até com quem você não conhece, como, por exemplo, com seguidores seus nas redes sociais, fãs que se preocupam com você.

Falando em redes sociais, vale destacar que voltar a ter um perfil ativo nessas páginas é sempre um grande passo para quem viveu crises de depressão. Isso porque, de certa maneira, ficamos expostos aos comentários alheios, o que é impossível de encarar quando estamos fragilizados pela doença, pois qualquer coisa pode nos machucar. Ressalto essa questão porque, no meu caso, fui praticamente escorraçada pela opinião pública induzida por uma parte irresponsável da mídia, e voltar às redes sociais e me abrir a esses comentários foi um dos grandes desafios da minha recuperação.

De qualquer maneira, esse não foi um desafio maior do que voltar a encarar uma piscina. Desde que fui banida do esporte, treinar e nadar havia se tornado impossível. Submersa na água, eu me via dentro de uma realidade que não era mais minha, que não mais me pertencia. E o pior era que aquilo não tinha sido uma decisão pessoal, eu não havia escolhido aquilo para mim. Tinham arrancado de mim um sonho que eu havia alimentado durante uma década inteira marcada por muita dedicação e sacrifício, e, o pior, graças a um processo cheio de percursos questionáveis.

Sabia que a minha volta às piscinas não seria fácil, mas tinha certeza de que esse dia chegaria. Nesse período, recebi muita força da minha madrinha para tomar essa decisão, mas confesso que só a levei adiante quando percebi que a minha relação com a natação também poderia mudar. Se antes eu aprendia e praticava à exaustão braçadas e movimentos precisos, a partir daquele momento eu passaria a ensinar e a supervisionar outras pessoas, me tornando uma personal trainer com foco em natação.

Durante os cinco longos anos em que me recuperei daquele caos emocional, mesmo diante das dificuldades, eu procurei manter acesa a minha religiosidade — não à toa tatuei a palavra "Fé" em minha pele, como já contei. Minhas irmãs e eu aprendemos com minha mãe a alimentar essa fé e foi esse sentimento que me fez superar os obstáculos, pois ele me mantinha em frente e me fazia acreditar que tudo ficaria bem em um futuro próximo.

Aos poucos, com muita luta e esforço, eu consegui chegar nesse "futuro próximo", porém ele não era aquilo que eu esperava. Logo percebi que a minha expectativa ainda estava ligada àquela vida de outrora. Hoje, com meus pensamentos e desejos fixados no tempo presente, observo, vejo, sinto e vivo intensamente a transformação responsável por me tornar uma nova pessoa.

Eu realmente mudei. Passado o furacão, eu me sinto uma pessoa vitoriosa. Minha vitória hoje é bem diferente daquela que eu estava acostumada a experimentar quando era atleta, quando vencia competições dentro da piscina. E mesmo sabendo que ainda tenho pela frente muitos outros desafios a vencer e outras conquistas a empreender, eu me sinto satisfeita quando, a cada manhã, acordo e me dou conta de que não preciso mais competir e vencer, vencer e competir como antes. Diante dessa constatação, uma sensação boa e reconfortante percorre meu corpo e minha alma.

É verdade que todas as manhãs, antes do sol raiar, ainda saio de casa armada de maiô, óculos e touca, mas, desta vez, vencer não é o objetivo. Vou para a piscina para ensinar e supervisionar meus alunos.

Foi preciso passar por uma verdadeira transformação pessoal em pouquíssimos anos para que hoje eu pudesse desenhar para mim uma nova perspectiva e, com isso, reconhecesse minha atual motivação de vida, a qual me traz muita alegria. De campeã ultracompetitiva, medalhista e recordista sul-americana da natação feminina, eu me tornei uma pessoa normal, que valoriza o amor, a simplicidade, a solidariedade e o respeito. Para chegar até aqui, eu precisei me reinventar. E reinventar-se também é renascer.

5

UM NOVO **TEMPO**

•••

"O tempo pode ser medido com as batidas de um relógio ou pode ser medido com as batidas do coração."

Rubem Alves

***Q**uando eu era uma atleta de alto rendimento, o tempo sempre foi meu maior adversário, até mais do que as outras nadadoras com quem competia. Não vou negar que estar ao lado de grandes atletas da natação sempre me impulsionou e, durante anos, serviu de motivação para mim. Só de estarmos juntas durante uma disputa, ao observá-las no quanto eram boas nisso ou naquilo, eu melhorava meu estilo. Elas eram fonte de inspiração para eu treinar as braçadas, a saída e a virada olímpica de maneira mais determinada. Competir com nadadoras de alto nível sempre foi muito instigante para mim.*

Mas ainda que elas tenham sido uma motivação importante, no fundo era o tempo que eu precisava vencer. Durante as fases mais competitivas da minha trajetória esportiva, assim que eu acordava, tinha a impressão de que um placar luminoso me acompanhava durante todo o dia, anunciando os minutos e os segundos conquistados ou perdidos. Era justamente essa busca por melhorar cada vez mais meu índice que me empurrava para a piscina e me levava a treinar mais e mais forte. Eu sabia que se vencesse aqueles poucos segundos que faltavam, eu poderia conquistar o que quisesse.

Afastada desse cotidiano e observando de longe essa rotina que já não faz mais parte da minha vida, consigo avaliar como é difícil para um atleta planejar e conduzir seu dia a dia em função desses segundos a serem vencidos, mínimos instantes que em outras circunstâncias passariam despercebidos. O que significam dois ou três segundos a mais ou a menos na nossa vida cotidiana normal?

Desde que decidi mudar de vida, comparar a relação que tenho hoje com o tempo com a que mantinha no passado me levou a valorizar ainda mais cada instante do meu dia. Hoje posso dedicar o tempo que eu quiser a ficar abraçada com quem amo, a olhar pela janela e ver o sol nascendo ou a chuva caindo e até a dedicar meu dia em não fazer nada.

Parece banal e até piegas o que estou falando, mas uma das minhas satisfações dos últimos anos foi descobrir que agora controlo o meu tempo de um jeito diferente: uso-o para apreciar o que é mais corriqueiro e simples, mas também para me deter em coisas que antes passavam batidas, já que para mim era praticamente impossível pensar em coisas que não fossem treinos, competições, recordes e medalhas.

Vem dessa nova maneira de me relacionar com o tempo a explicação para a minha atual filosofia de vida: agora faço questão de me dar esses segundos, minutos e até horas a mais, sem me deixar afetar pela agonia de achar que estou "perdendo tempo". Hoje consigo encarar esses momentos como um ganho, já que aprendi a saboreá-los de outra maneira. E assim fico o tempo que quiser com minha mãe, meu pai, com minha madrinha e irmãs, com meus amigos e, principalmente, com meu novo e verdadeiro amor.

Todos os dias aprendo a desfrutar melhor essa nova experiência que tenho com o tempo, valorizando cada encontro, diálogo e companhia. Agora, posso me dedicar mais à minha família. Se não fosse nessa nova fase, em que outra ocasião eu poderia desfrutar de conversas simples, mas cheias de significados, como a que tive com meu sobrinho Zion, filho da Aline, quando mostrei a ele meu baú de medalhas, exatamente como meu pai fazia comigo ao abrir sua caixa cheia de conquistas. Ao pegar uma, Zion, no alto da sabedoria de seus seis anos, colocou-a no pescoço e, então, eu lhe disse:

— Pode ficar com essa para você!

— Não, tia Rebeca, essa é sua. Para usar uma medalha, tenho que ganhar a minha — ele respondeu com o brilho de seu sorriso estampado em seus olhos.

TODA TRAVESSIA **LEVA UM TEMPO**

Outra descoberta que faz parte da minha nova caminhada diz respeito às coisas que queremos conquistar, mas que raramente acontecem no prazo que desejamos. Em geral, queremos tudo para já, quando não para ontem. Mas é preciso tempo para atravessarmos um túnel escuro em que nos encontramos perdidos, no qual o único sinal de luz está lá na frente. A vida é uma constante travessia e travessias levam tempo. Tive muitas provas disso.

Enquanto eu me sentia perdida em meio ao caos provocado pela acusação de doping que quase me engoliu, passei a frequentar igrejas, centros religiosos e espiritualistas, em busca daquela luz no fim do túnel. Em muitos desses lugares, eu sentava para escutar histórias de outras pessoas, de como elas tinham vencido seu sofrimento e aquilo me enchia de esperanças, me reconfortava. Aquele hábito de ouvir o outro me permitiu escutar, pela primeira vez, o coração das pessoas. Foi, então, que comecei a amadurecer a ideia de que eu também tinha muito que contar, especialmente para quem estava vivendo as armadilhas da depressão.

De certa maneira, quando trabalhei na Diretoria de Apoio ao Atleta de Alto Rendimento da Secretaria de Esporte e Lazer do Distrito Federal, de 2012 a 2014, tive a oportunidade de conversar e motivar muitos esportistas, uma prática que me deu traquejo para levar ao público as minhas próprias histórias. Esse foi o passo inicial para o mais novo desafio que assumi: dar palestras motivacionais pelo Brasil afora.

A experiência tem sido muito interessante porque, nessas ocasiões, entro em contato com pessoas de várias profissões e posições sociais, gente que, mesmo com os mais diversos objetivos e que atravessa diferentes momentos de vida, possui as mesmas dúvidas e angústias. É comum eu ouvir questões como: o que fazer quando nossos sonhos se frustram e nos sentimos sem saída? Como lidar com as pressões excessivas? Como conciliar a disciplina que a vida profissional exige com a vida pessoal? Como conviver com a depressão? Como manter acesa a esperança quando tudo parece ter se tornado escuridão?

As respostas que sempre dou vêm carregadas de vida, porque eu as empresto da minha própria história. Costumo falar sobre como é possível lidar de maneira saudável com ambientes altamente competitivos; como usar a disciplina em proveito próprio, sem exageros; quais são os bons e maus exemplos da carreira esportiva e se vale a pena levá-los para a vida profissional e pessoal; como atravessar o túnel escuro sem perder as esperanças.

Entre uma pergunta e outra, aproveito para contar também cada momento difícil que vivi, como reagi, o que perdi e ganhei, e como sempre existe a possibilidade de tirarmos uma lição útil para nossa caminhada. Enfim, deixo claro a todos, especialmente para aqueles que se encontram em situação parecida com a que vivi, na qual cada pequeno passo em direção à saída daquele túnel escuro é importante para colocá-los na direção certa. Foi assim que consegui renascer.

UM CORPO **ESPIRITUALIZADO**

Conseguir se desvencilhar da depressão não é fácil. Um dos passos mais importantes para iniciar essa jornada é recuperar a autoestima. Para isso, há vários caminhos, mas todos eles passam pela aceitação da própria imagem refletida no espelho.

A vida toda eu tinha sido muito desligada em relação a questões de beleza, pois meu maior foco sempre esteve no desenvolvimento da minha musculatura e força. Eu realmente não me importava muito se meu cabelo e minha pele estavam secos e maltratados pelo cloro ou pelo elástico da touca, também não ligava quando diziam que eu parecia masculinizada devido aos meus músculos. Naquela época, eu via meu corpo como um mero instrumento das minhas metas esportivas e era isso que importava.

Quando voltei do coma e fui tomada de raiva pelo que eu vinha fazendo comigo mesma, precisei me olhar no espelho para assumir o meu autoabandono e, com isso, conseguir reagir. Decidi que eu começaria a me cuidar mais, me dedicando, inclusive, a tratamentos dos quais antes passava longe, como drenagens, banhos de hidratação e massagens estéticas. O passo seguinte foi emagrecer trinta e cinco quilos, um pouco mais do que havia ganhado, transformando a aparência do meu corpo.

Ao caminhar nas ruas, eu percebia o olhar das pessoas — um olhar bem diferente daquele que recebia no meu triste passado. Aos poucos, fui me sentindo mais bonita e confiante.

Dei mais um passo em direção à aparência que gostaria de exibir e resolvi assumir para mim mesma que o tamanho dos meus seios me incomodava. Devido aos anos e anos de esporte e musculação, eu não tinha seios volumosos, possuía somente músculos. Como os seios são compostos praticamente por gordura, eu não tinha volume algum. Sob o maiô da natação, eles mal se anunciavam. Por isso, se eu estava disposta a ser uma nova Rebeca, achei pertinente viver a experiência de ter seios maiores e decidi colocar próteses.

O resultado foi impactante: minha figura, sempre tão criticada pelas costas largas, pelos braços e pernas musculosas, agora não parava de receber elogios. Se antes eu era julgada por acharem minha aparência masculinizada, hoje era a minha feminilidade que chamava a atenção das pessoas. Até convite para posar nua recebi, embora não cogitasse nem cogite fazer fotos do gênero no momento. Contudo, o convite de uma amiga jornalista, que trabalhava em um jornal em Brasília, despertou meu interesse.

– Rebeca, você está muito linda! Seu corpo está bárbaro. Você tem que se orgulhar dele! Vamos tirar umas fotos suas mais sensuais, quem sabe você vira modelo de lingerie e biquíni.

No início da sessão, tinha a sensação de que era apenas uma brincadeira entre amigas, mas confesso que gostei do resultado. Bastou publicarmos algumas fotos na internet para que a brincadeira virasse uma nova profissão para mim. Recebi vários convites e acabei posando como modelo fotográfica para editoriais de moda de várias revistas femininas de grande circulação.

Estava satisfeita com todas as fotos tiradas pela minha amiga, especialmente por deixarem minhas tatuagens bem à mostra. Essas inscrições na minha pele são muito importantes para mim por expressarem quem eu sou, mostrarem os caminhos que percorri e traduzirem minha espiritualidade. Hoje tenho quinze tatuagens espalhadas pelo corpo, algumas antigas, da minha época de nadadora, e outras mais recentes, que contam um pouco quem é essa nova Rebeca. Todas têm um significado grandioso para mim. Entre as tatuagens mais recentes, estão: o mantra budista "Om mani padi um"; a frase em hebraico que traduzida significa "Jesus Cristo, Nosso Senhor, Rei dos Reis, Mestre e Santo"; a frase em francês do livro Pequeno Príncipe, sobre a responsabilidade que temos quando cativamos alguém; o meu sobrenome paterno "Lakiss", que é de origem árabe-libanesa. Em 2014, tatuei ainda o nome do meu sobrinho Zion, a quem amo de paixão, como já deixei transparecer, e também a frase "Filha de Zeus", em inglês.

Ainda fiz mais algumas tatuagens em 2015, a partir de outra conquista da minha significativa virada olímpica: tatuei "Bebê" no dedo e "Zezus" no punho esquerdo, que são apelidos carinhosos e amorosos que dei àquele que, desde então, tem feito meu coração sorrir. Nosso encontro de amor foi realmente mágico, uma energia invisível nos atraiu um para o outro.

QUANDO O AMOR **CHEGA PARA VALER**

Por causa da minha dedicação ao esporte, minha vida amorosa sempre ficou em segundo plano, ou seja, quando todas as meninas estavam à procura de namorados, eu só tinha encontros com a piscina. Namorar era até desaconselhável, porque os altos e baixos de um relacionamento poderiam interferir negativamente no meu rendimento na natação.

Meu primeiro namorado sério acabou se tornando meu primeiro marido. Eu já tinha mais de 20 anos de idade e ficamos juntos pouco menos de seis anos. Nosso casamento se viu atravessado pelo pesadelo do doping. Quando superei o fim da minha carreira como nadadora, acabei superando o término desse relacionamento, o que também me fez muito mal.

A verdade é que o amor sempre foi uma incógnita na minha vida. Embora eu tenha vivido alguns poucos relacionamentos e, inclusive, me casado, confesso que até então não sabia se já tinha experimentado esse sentimento de verdade. A resposta para a minha dúvida chegaria de maneira inusitada, em um dia qualquer, sem muitas expectativas.

Eu estava caminhando com uma amiga no shopping, quando olhei de relance para um café e, animada com o que vi, disparei:

— Meu Deus, olha só que homem lindo! Aquele ali, sentado no café.

— Lindo mesmo! Deve ser gringo — ela respondeu.

— Vamos passar lá de novo, preciso de mais um pouco desse colírio para os meus olhos — brinquei.

Dessa vez, pude observá-lo melhor: sarado, loiro, alto, de olhos azuis. Realmente lindo. Um mês depois, fui a uma festa e novamente voltei a reparar em outro homem alto e bonito. Sem perceber que era a mesma pessoa do shopping, comentei com outra amiga:

— Dessa festa toda, aquele lá é o único com quem eu sairia.

Aproveitei para dançar a noite inteira, um dos meus hobbies hoje em dia. Curto principalmente música eletrônica, um gosto que adquiri nos primeiros anos da minha nova etapa de vida, quando conheci inúmeras casas noturnas e tentava aproveitar tudo o que não curti na adolescência.

Mas, naquela noite em Brasília, meu foco se dividia entre a boa música e o desconhecido, com quem trocava olhares a cada vez que cruzava o ambiente para buscar uma bebida.

— Será que ele fala português? Será que está hospedado aqui no hotel? — pensava.

Para minha surpresa, ele veio em minha direção. No momento pensei: "Se você não fizer um sinal com os olhos pra ele, não terá outra oportunidade".

— Você é a Rebeca, não é?

Fiz que sim com a cabeça, exibindo um sorriso envergonhado.

— Outro dia eu estava no shopping com um amigo, que viu uma garota passando e falou: "Olha que mulher linda". Quando fui olhar, ela já tinha passado. Só que a garota passou mais uma vez, então pude ver melhor... Tive que concordar com ele. Perguntei ao meu amigo se ele sabia quem ela era, e ele disse: "Aquela nadadora".

Eu não podia acreditar. Enquanto ele falava, eu me lembrava de cada detalhe daquela cena. Era ele o bonitão do café no shopping. Continuamos conversando e fomos descobrindo outras coincidências, como o fato de malharmos na mesma academia em Brasília. Foi, então, que ele disse sem qualquer rodeio.

— Um dia eu vi você lá na academia. Achei você tão linda que fui perguntar ao professor se ele sabia se você estava solteira...

Mais um pouco de conversa e ele logo disparou:

— Quando vejo você de novo?

— Quando você quiser — respondi já bastante animada.

— Eu quero hoje.

Saímos naquela noite e, desde então, me sinto apta a responder àquela pergunta que eu me fiz lá atrás. Agora sei o que é amar e ser amada de verdade. André se tornou meu parceiro, meu melhor amigo, meu amante, meu confidente, meu verdadeiro amor. Em nossa relação, o respeito é a base de tudo. Nunca discutimos, ele nunca alterou o tom da voz para mim. Eu sei que, para alguns, é preciso existir discussão em uma relação. Mas eu discordo, já vivi relacionamentos assim e hoje minha referência de companheirismo é completamente diferente. O segredo? Respeitar o espaço e o jeito do próximo. Eu não quero mudar quem está ao meu lado e nem ele a mim.

Com isso, nunca me senti tão bem, nossa relação é de extrema confiança, de entrega mútua, de cuidados recíprocos e de muita saudade, principalmente quando temos que encarar compromissos profissionais que nos obrigam a viajar. Um desses compromissos nos separou por cerca de dois meses, um tempo que nos pareceu eterno, mas que assumi como um desafio pessoal, com a total aprovação do André. Falo de minha participação no programa A Fazenda, quando fiquei confinada de setembro a novembro de 2015.

QUANTO PESA DOIS **MILHÕES DE REAIS?**

Quando recebi o convite para participar do reality show A Fazenda, da Rede Record, fui tomada por sentimentos contraditórios: fiquei empolgada de início, ao mesmo tempo em que me deparei com alguns receios. A ideia de participar do programa me pareceu divertida, também achei que seria uma boa oportunidade de conhecer pessoas especiais e poder me mostrar para o público, revelar como eu realmente sou e quem sabe começar a reverter a imagem distorcida que circulou de mim alguns anos atrás.

Por mais que eu sempre tenha acompanhado programas desse gênero em vários canais, inclusive na TV paga, o confinamento e a convivência forçada com pessoas desconhecidas me preocupavam pelo risco de ser colocada em situações difíceis — como de fato aconteceu. Na época, porém, pesei prós e contras e achei que deveria ir. E fui.

Logo na primeira semana, precisei encarar uma experiência que eu nunca tinha imaginado: dormir em uma baia com dois participantes no meio de dois cavalos. Sempre gostei de dizer que eu aceitaria enfrentar as experiências mais diferentes, até brincava falando que consideraria saltar de paraquedas pelada, mas dormir no chão da baia dos cavalos logo nos primeiros dias, sem regalias, junto com outros dois competidores, foi bem inusitado. Com o passar dos dias, houve muita diversão e conversas interessantes. Mas, é claro, logo começaram os conflitos, instigados pela natureza do programa.

Todo reality show desse gênero ganha audiência quando há brigas, discussões e intrigas entre os participantes. Ele é planejado para isso, e nós ali somos provocados quase que o tempo todo. É claro que não são provocações diretas, mas, sim, por meio de situações criadas para que nossos nervos fiquem à flor da pele. Sermos punidos por pequenos deslizes com falta de comida e de água, por exemplo, nos irritava bastante, e quando isso acontece por culpa de um participante, a tendência é irmos contra ele. Também recebemos muitas tarefas para serem cumpridas em horários estranhos, sem falar da competição, seja ela individual ou coletiva. Tudo isso vai se somando até nos sentirmos desconfortáveis.

Existem ainda os momentos de lavação de roupa suja em público, pois nem sempre recebemos bem certas críticas e comentários, principalmente quando são inesperados e vindos de quem a gente nunca imaginaria. Só isso já era motivo para que esse comportamento fosse encarado como uma verdadeira traição. Para compor a panela de pressão, sempre há nesses roteiros um ou mais participantes que vão vestir a pele do personagem malvado e, por isso, passam a provocar todo mundo, fazendo alianças aqui e ali, plantando fofocas, incendiando o ambiente.

Para se dar bem nesse contexto, é preciso entrar no jogo da teatralidade e muitas vezes ter sangue frio, que não é uma de minhas qualidades. Ainda que minha natureza seja brincalhona, existem coisas que são parte do meu caráter e não consigo ir contra elas, mesmo que dois milhões de reais estejam em disputa.

A maior dificuldade para um participante de reality show é a proporção que as situações tomam lá dentro, por causa do confinamento. Sem podermos sair e sendo obrigados a conviver com pessoas que começam a nos incomodar e provocar, tudo fica maior do que é de verdade. Na vida real, fora do programa, você simplesmente daria meia-volta e iria embora. Mas lá dentro não, tudo é intenso. Você é incitado a ter reações extremas o tempo todo: se você se apaixonar, você se apaixona em dobro; se brigar, também briga em dobro; se fica triste, a tristeza parece infinita.

E foi exatamente o que aconteceu comigo no episódio que mais chamou a atenção em relação a minha participação no reality show: o dia em que virei a cama de uma concorrente, escondi suas coisas para que ela parasse de provocar os outros participantes e joguei parte de suas roupas para fora da casa. Revendo as cenas, depois que saí do programa, não acreditei que era eu quem estava fazendo aquilo, não me reconheci. Mas, lá dentro, foi o jeito que encontrei para extravasar a raiva que foi se acumulando depois que levaríamos a quinta punição por culpa daquela pessoa. Parecia que ela fazia de propósito. Quem está de fora não tem a mínima noção do que motiva algumas das atitudes dos participantes e acha que estamos exagerando. É preciso ressaltar também que o programa era editado, ou seja, as pessoas não sabiam o que passávamos durante as vinte e quatro horas. Às vezes o vilão era a vítima; às vezes a vítima era o vilão.

Alguns dias depois de deixar A Fazenda, quando a poeira baixou e voltei para a realidade, eu me peguei pensando nos personagens que incorporamos dentro do confinamento e cheguei à conclusão de que essa estratégia se trata de um recurso de autodefesa, algo que fazemos até inconscientemente. Ali somos autorizados a fazer o que quisermos dentro das regras do jogo, que, aliás, são bem diferentes das regras da vida.

Um programa desse tipo prevê em seu enredo intrigas, disputas, alianças, romances, atrações, amizades, inimizades, rompimentos, traições e por aí vai. E também precisa haver o malvado, o bonzinho, o forte, o fraco, o articulador, o briguento, o conciliador, o possessivo, o gostoso, entre outros personagens.

Por mais que falemos que estamos sendo nós mesmos ali, há diversos tipos de pressão moldando nossas reações o tempo todo. Na prática, a gente vai até onde aguenta, de acordo com nossa personalidade. E esse "aguentar" varia de acordo com o limite de cada um.

Para mim, chegou uma hora que não quis mais continuar. Eu me vi envolvida em brigas que não me pareciam edificantes, nem para mim, nem para minha família e amigos que me assistiam, muito menos para minha imagem pública. Eu sempre fui muito competitiva, mas não briguenta, características bem diferentes. Mas, de repente, a imagem de briguenta era a que estava prevalecendo, por efeito das situações que se desenrolaram e sobre as quais eu não tinha controle.

É bastante comum eu ouvir que deveria me tornar a Ronda Rousey brasileira, em referência à campeã norte-americana do UFC. A minha resposta a essa sugestão? Na hora que eu levasse o primeiro soco, iria desabar de tanto chorar. Sou mole por dentro, por isso recebi de Deus esta minha carcaça dura.

A verdade é que não aguento ultrapassar meus limites emocionais e éticos. Lá dentro, diante do desconforto que passei a sentir, toda hora vinha à minha cabeça a seguinte frase: "Eu valho bem mais do que dois milhões de reais". Desenvolvi essa estratégia para tentar me preservar e me autoquestionar se valeria mesmo a pena mentir, passar por cima das pessoas ou mesmo enganar só para receber esse valor como prêmio.

Em minha opinião, a brincadeira tinha assumido um viés que não me interessava mais, estava ficando perigoso para meu equilíbrio emocional, até porque não fazia muito tempo que eu havia deixado para trás um estado de séria depressão. A pressão estava tão forte que me lembro de ter me questionado se as pessoas fora da casa – minha família, amigos, namorado e fãs – continuariam me amando.

Esse pensamento começou a se ampliar, graças, novamente, ao confinamento, e assim passei a me desesperar e chorar muito. Eram sintomas muito parecidos com os da depressão, pois sentia aquela velha dor conhecida e cheguei até a pensar em situações para me machucar e desviar a atenção para outro tipo de dor. Assistindo às minhas cenas na televisão, minha família ficou bastante preocupada com o risco de eu me desestabilizar e ter uma nova crise depressiva, já que nas últimas semanas dentro do programa eu estava chorando demais.

Por sorte, as pessoas votaram em mim, atendendo de certa forma a um pedido que fiz no ar, e assim consegui sair sem desistir do programa, após dois meses de confinamento. Para mim foi um grande alívio, pois já estava me sentindo bastante sufocada. Além disso, eu estava morrendo de saudade do André, sobre quem procurei não dar detalhes no programa, referindo-me sempre a ele apenas como "Bebê", para não expô-lo publicamente.

Apesar de eu não ter aguentado o confinamento e suas implicações, não posso criticar quem conseguiu, porque é uma questão de escolha e resistência pessoal. Há quem consiga jogar bem o jogo e permanecer até o final. Na verdade, na minha opinião geralmente os atores se dão bem. Eles aprenderam durante toda a carreira a chorar quando querem, sorrir quando querem, fingir tristeza, alegria... No confinamento, é difícil saber quem está atuando ou não.

Para meu grande alívio e satisfação, tudo o que a gente vive em um reality show desse tipo fica restrito àquele mundo, porque na vida real nada daquilo importa de verdade. Assim que me encontrei com os demais participantes do programa A Fazenda, inclusive com quem tive algumas desavenças, formamos um abraço só. E rimos juntos também. Nós entendemos que tudo aquilo era um jogo, todo mundo estava sob pressão, e hoje posso dizer que tenho amigos que fiz lá dentro, pessoas de quem gosto muito. Claro que há aqueles que ainda hoje não se conformam com os ocorridos dentro do programa. Nesses casos, sigo a filosofia: "Vida que segue".

De qualquer maneira, não posso negar que minha reação à pressão do confinamento serviu para me colocar em estado de alerta, devido ao meu histórico de depressão. Como já ouvi de médicos e psicanalistas, entre outros profissionais, essa é uma doença que costuma ficar à espreita, esperando uma oportunidade para se manifestar, embora possa acontecer de ela se manter silenciada para sempre.

Eu nunca mais tive problemas, embora continue medicada. Deixar de usar os remédios será sempre uma decisão dos médicos, mediante avaliação. Tenho conversado com eles, já que hoje me sinto muito feliz, por conta da minha nova vida e das conquistas que venho fazendo, que têm funcionado como gotas naturais de cura.

ATLETA PARA **SEMPRE**

Por mais que hoje eu não seja mais uma atleta profissional, por mais que eu tenha encontrado o amor, o apoio e a paz que tanto me fizeram falta quando eu me senti morrendo, por mais que hoje eu esteja muito feliz com meu renascimento, existem questões relativas ao mundo do esporte que extrapolam minha felicidade particular.

Além do universo do doping, já retratado neste livro, há ainda duas outras questões que continuam sendo um problema para o mundo esportivo. Refiro-me aos abusos morais e sexuais que continuam sendo cometidos contra atletas mulheres e ao abandono sofrido por atletas de alto rendimento quando encerram a carreira.

Sobre o abuso contra atletas mulheres, existe muito silêncio em torno do assunto, mas essa perversidade continua a acontecer, especialmente nos esportes que não são de elite. Na natação, justamente por essa razão, nunca fui vítima e tampouco vi qualquer cena suspeita, embora algumas nadadoras tenham tido a coragem de denunciar o que sofreram. Mas, no futebol feminino, fui testemunha desses fatos.

Minha convivência com o futebol se deu quando fui suspensa da natação e aceitei um convite para ser jogadora de um time amador de Brasília, com o qual chegamos a ser campeãs. Fui atacante da equipe do CRESPOM, no Campeonato Nacional, organizado pela Confederação Brasileira de Futebol, a CBF.

Minha denúncia feita durante uma entrevista me rendeu uma convocação à Câmara dos Deputados, em 2015, para participar de uma audiência pública organizada pela Secretaria da Mulher, intitulada "A exploração sexual de mulheres em grandes eventos esportivos". No plenário, eu confirmei o que havia presenciado: meninas são exploradas sexualmente por presidentes de clubes de futebol, técnicos e preparadores físicos, em troca da promessa de serem indicadas para a Seleção Brasileira, ou, às vezes, até de receberem cestas básicas. Esse tipo de situação é real e a sociedade precisa ficar alerta — o que depender de mim, estarei pronta para ajudar.

Já o abandono do atleta de alto rendimento após o encerramento de sua carreira se tornou um grave problema no Brasil, onde não há nenhum tipo de acompanhamento e de assistência, principalmente psicológica. Isso pode explicar os altos índices de depressão a que esses ex-atletas estão sujeitos.

Há explicações físicas e emocionais para essa recorrência da doença. Para a biologia, a estatística tem a ver com a queda na produção de serotonina, hormônio responsável pela sensação de bem-estar. Quando o atleta para suas atividades esportivas, essa produção diminui sensivelmente, acarretando problemas emocionais. Já a psicologia responsabiliza a interrupção momentânea de um estilo de vida que, dependendo do atleta, antes era cheia de festas e glamour, por causa de suas vitórias. Nesse caso, ele de repente se vê abandonado. Afinal, nenhum atleta quer parar ou sabe a hora de parar de competir. Hoje acho que o melhor momento é quando ele está no auge, caso contrário vai ficar esquecido na história.

Meu sonho é que o Brasil passe a tratar seus atletas com o respeito que merecem, afinal, são pessoas que se sujeitam a muitos sacrifícios pessoais para levar o nome do país em competições mundo afora, gravando-o na história do esporte mundial.

Tive a oportunidade de conhecer de perto como são tratados os atletas nos Estados Unidos. Lá eles são considerados verdadeiros heróis, como realmente são, e são respeitados pelas instituições, pela imprensa e, claro, pelas pessoas na rua. Também recebem acompanhamento para suas necessidades, inclusive psicológicas. Quem sabe um dia essa também não se torne a realidade do Brasil.

Ter me distanciado do esporte profissional, por mais que tenha feito com que eu tentasse me ferir de morte, não fez com que eu o arrancasse do peito. Dediquei uma parte importante da minha vida a ele, justamente quando eu crescia e me descobria adulta. Ao esporte, portanto, vou continuar dedicando todo o meu amor, seja de qual jeito for. E não poderia ser diferente, pois a emoção de ter sido uma campeã continua viva em cada pessoa que chega para mim e diz algo como:

— Oi, eu me chamo Rebeca por sua causa. Quando minha mãe estava grávida, ela via você nadar e vibrava muito, então ficava repetindo que queria ter uma filha igual a você. Hoje sou nadadora porque você foi campeã.

6

A MAIOR DAS **VITÓRIAS**

...

***"Não importa onde você parou...
em que momento da vida você cansou...
o que importa é que sempre é possível
e necessário recomeçar"***

Carlos Drummond de Andrade

Quando este livro chegar às livrarias, eu estarei no mais alto de todos os pódios. Porém, dessa vez, minha premiação não se deve a uma conquista no esporte, mas é resultado de uma vitória de vida, da minha capacidade de mudar e renascer. Após tantas superações, agora é hora de experimentar um novo desafio: a maternidade.

A verdade é que eu nunca acreditei que poderia ser mãe, por causa do meu grave histórico de ovários policísticos e desequilíbrios hormonais. Mas recebi uma dádiva divina, que atende pelo nome de Zeus. Sim, Zeus, o deus dos deuses da Grécia Antiga, é o nome escolhido para o meu primeiro filho, meu e de André.

Escrevi boa parte deste livro sem saber que estava grávida. A notícia me pegou de surpresa no meio dos capítulos, no momento em que eu tratava do meu processo de renascimento. As duras lembranças do passado se misturaram com a avalanche de felicidade que experimentei ao saber da notícia. Para não misturar sentimentos, que estão ainda mais aflorados nesse período, optei por falar da chegada de Zeus apenas aqui.

Assim que soube da gravidez e o médico estabeleceu a previsão do parto, não pude acreditar. Zeus chegaria junto com as Olimpíadas no Brasil, o que me fez ter a certeza de que tê-lo em meus braços será a maior de todas as minhas medalhas, a grande conquista da minha vida.

Sempre dizia que meu livro só poderia ser lançado quando eu pudesse concluí-lo com um final feliz. E agora ele tem. Até então, eu achava que aquele vazio deixado pela minha carreira esportiva nunca seria preenchido novamente, mas hoje ele foi. É claro que sinto insegurança, medo... Porém, todas as vezes penso em meu filho, meu coração é tomado por uma paz indescritível. Por muitos anos, a minha felicidade estava restrita ao mundo das piscinas, e hoje ela pertence ao mundo de Zeus.

Sei que a partir de agora tudo vai ser diferente, pois existe um ser que depende completamente de mim. Mas a verdade é que eu sempre fui movida por desafios, pelo desconhecido. Então, mesmo com as inseguranças da maternidade, algumas coisas já estão certas para mim, como, por exemplo, quais serão as histórias que contarei para meu filho dormir. Ao lado da cama dele, reservei um lugar especial para o meu baú de medalhas e, todas as noites, em vez de ler livros de fábulas e contos infantis, contarei a história por trás de cada prêmio que conquistei. O que mais me orgulho da minha vida como atleta é isso, a história escondida em cada medalha que recebi. E não poderia haver medalha, recorde ou premiação mais valiosa do que esse presente que Deus me deu.